Prix : 60 centimes

AUTEURS CÉLÈBRES

Alexis BOUVIER

LES PAUVRES

PARIS
MARPON ET E. FLAMMARION
ÉDITEURS
26, RUE RACINE, PRÈS L'ODÉON

AVIS DES ÉDITEURS

Le but de la collection des *Auteurs célèbres à* **60** *centimes* est de mettre entre toutes les mains de bonnes éditions des meilleurs écrivains modernes et contemporains.

Sous un format commode et pouvant en même temps tenir une belle place dans toute bibliothèque, il paraît chaque semaine un volume.

CHAQUE OUVRAGE EST COMPLET EN UN VOLUME

1re SÉRIE.

Nos 1. CAMILLE FLAMMARION, **Lumen.**
2. ALPHONSE DAUDET, **La Belle-Nivernaise.**
3. EMILE ZOLA, **Thérèse Raquin.**
4. HECTOR MALOT, **Une Bonne Affaire.**
5. ANDRÉ THEURIET, **Le Mariage de Gérard.**
6. L'ABBÉ PRÉVOST, **Manon Lescaut.**
7. EUGÈNE CHAVETTE, **La Belle Alliette.**
8. G. DUVAL, **Le Tonnelier.**
9. MARIE ROBERT-HALT, **Histoire d'un Petit Homme** (Ouvrage couronné par l'Académie française).
10. B. DE SAINT-PIERRE, **Paul et Virginie.**

2e SÉRIE.

Nos 11. CATULLE MENDÈS, **Le Roman Rouge.**
12. ALEXIS BOUVIER. **Colette.**
13. LOUIS JACOLLIOT, **Voyage aux Pays Mystérieux.**
14. ADOLPHE BELOT, **Deux Femmes.**
15. JULES SANDEAU, **Madeleine.**
16. LONGUS, **Daphnis et Chloé.**
17. THÉOPHILE GAUTIER, **Jettatura.**
18. JULES CLARETIE, **La Mansarde.**
19. LOUIS NOIR, **L'Auberge Maudite.**
20. LÉOPOLD STAPLEAUX, **Le Château de la Rage.**

3e SÉRIE.

Nos 21. HECTOR MALOT, **Séduction.**
22. MAURICE TALMEYR, **Le Grisou.**
23. GŒTHE, **Werther.**
24. ED. DRUMONT, **Le Dernier des Trémolin.**
25. VAST-RICOUARD, **La Sirène.**
26. G. COURTELINE, **Le 51e Chasseurs.**
27. ESCOFFIER, **Troppmann.**
28. GOLDSMITH, **Le Vicaire de Wakefield.**
29. A. DELVAU, **Les Amours buissonnières.**
30. E. CHAVETTE, **Lilie, Tutue, Bébeth.**

4e SÉRIE.

Nos 31. ADOLPHE BELOT, **Hélène et Mathilde.**
32. HECTOR MALOT, **Les Millions honteux.**
33. XAVIER DE MAISTRE. **Voyage autour de ma Chambre.**
34. ALEXIS BOUVIER, **Le Mariage d'un Forçat.**
35. TONY RÉVILLON, **Le Faubourg Saint-Antoine.**
36. PAUL ARÈNE, **Le Canot des six Capitaines.**
37. CH. CANIVET, **La Ferme des Gohel.**
38. CH. LEROY, **Les Tribulations d'un Futur.**
39. SWIFT, **Voyages de Gulliver.**
40. RENÉ MAIZEROY. **Souvenirs d'un Officier.**

5e SÉRIE.

Nos 41. ARSÈNE HOUSSAYE, **Lucia.**
42. **La Chanson de Roland.**
43. PAUL BONNETAIN, **Au Large.**
44. CATULLE MENDÈS, **Pour lire au Bain.**
45. EMILE ZOLA, **Jacques Damour.**
46. JEAN RICHEPIN, **Quatre petits Romans.**
47. ARMAND SILVESTRE, **Histoires Joyeuses.**
48. PAUL DHORMOYS, **Sous les Tropiques.**
49. VILLIERS DE L'ISLE-ADAM, **Le Secret de l'Echafa**
50. ERNEST DAUDET, **Jourdan Coupe-Tête.**

LES

PAUVRES

ŒUVRES COMPLÈTES D'ALEXIS BOUVI

FORMAT IN-18 A 3 FR. 50 LE VOLUME

- CHOCHOTTE . . . . 2 vol.
- LES SEINS DE MARBRE . . . . 1 vol.
- LA BELLE OLGA . . . . 1 vol.
- LES CHANSONS DU PEUPLE . . . . . 1 vol.
- Mlle BEAUBAISER, SAGE-FEMME . . 1 vol.
- UNE FEMME TOUTE NUE . . . . 1 vol.

MADEMOISELLE NINIE.
- Ninie . . . . 1 vol.
- La Petite Baronne . . . . . . 1 vol.

LES BAISERS MORTELS.
- Les Yeux de velours . . . . . . 1 vol.
- Les Amours de sang . . . . . . 1 vol.

LE MARI DE SA FILLE.
- Le Fils de l'Amant . . . . . . 1 vol.
- Veuve et Vierge . . . . 1 vol.

LE TESTAMENT D'UN CONDAMNÉ
- Les Créanciers de l'Échafaud . 1 vol.
- La Princesse Saltimbanque . . 1 vol.

LES ADULTÈRES LÉGITIMES
- La Rousse (10e *édition*) . . . . . 1 vol.
- Le Domino Rose (10e *édition*) . . 1 vol.

- L'ARMÉE DU CRIME (6e *édition*) . . . . 1 vol.
- LOLO . . . . 1 vol.

LA GRANDE IZA.
- La Femme du Mort (40e *édition*) 1 vol.
- La Grande Iza (80e *édition*) . . . . 1 vol.
- Iza, Lolotte et Cie (28e *édition*) . . 1 vol.
- Iza-la-Ruine (10e *édition*) . . . . . 1 vol.
- La Mort d'Iza (10e *édition*) . . . . . 1 vol.

- LA PETITE DUCHESSE (25e *édition*). 1 vol.
- LA PETITE CAYENNE (7e *édition*). . 1 vol.
- LE BEL ALPHONSE (12e *édition*). . . 1 vol.
- LA SANG-BRULÉ (9e *édition*). . . . 1 vol.
- LES PAUVRES (15e *édition*) . . . . . 1 vol.
- LE CLUB DES COQUINS (7e *édition*). 1 vol.
- MADEMOISELLE OLYMPE (15e *édition*) 1 vol.
- LES SOLDATS DU DÉSESPOIR . . . . 1 vol.
- BAYONNETTE (10e *édition*) . . . . . 1 vol.
- AUGUSTE MANETTE (20e *édition*). . 1 vol.
- LA BELLE GRÊLÉE (32e *édition*) . . . 1 vol.
- LE MOUCHARD (10e *édition*) . . . . . 1 vol.
- MAD^lle BEAU-SOURIRE (15e *édition*). 1 vol.
- MALHEUR AUX PAUVRES (9e *édit.*) . 1 vol.
- LE MARIAGE D'UN FORÇAT (10e *éd.*). 1 vol.
- LE FILS D'ANTONY (7e *édition*) . . . 1 vol.
- LA BOUGINOTTE (5e *édition*). . . . 1 vol.
- ÉTIENNE MARCEL . . . . 1 vol.
- AMOUR, MISÈRE & Cie (4e *édition*). . 1 vol.
- LES DRAMES DE LA FORÊT . . . . . 1 vol.

PARIS. — IMP. C. MARPON ET E. FLAMMARION, RUE RACINE, 26.

LES

PAUVRES

PAR

ALEXIS BOUVIER

PARIS
C. MARPON ET E. FLAMMARION
ÉDITEURS
26, RUE RACINE, PRÈS L'ODÉON

LES PAUVRES

I

LA CATALANE

> Mon vers rude et grossier
> Est honnête homme au fond.
>
> AUGUSTE BARBIER.

Un jour, à Marseille, je passais dans la rue du Panier. Le docteur Fontaine, qui me guidait dans mes pérégrinations à travers la ville, me montrant une jeune femme, me dit, comme devant une curiosité :

— Un monstre.

La personne qu'il me désignait paraissait avoir vingt ans; brune, elle avait le nez fin, la bouche épaisse et le front pur des filles d'Arles; sous l'ombre de ses immenses cils, ses yeux noirs semblaient d'une douceur infinie; ses joues, encore duvetées, avaient cette teinte chaude et luisante des fruits du midi; quand elle souriait, deux fossettes encadraient ses lèvres rouges et ses quenottes pointues; sur le corsage noir, d'un contour gracieux, le fichu d mousseline blanche s'échancrait en laissa voir la naissance d'une gorge idéale.

Tout en cette femme était beau, bon et dou On la nommait la Catalane...

Voici ce qu'elle était :

*
* *

La Catalane avait seize ans lorsqu'un soir d juin, elle rencontra Ange Herbeau sur le ch min de la Corniche.

Leurs yeux firent feu en même temps.

Ange était un grand gaillard gracieusemen et vigoureusement bâti, qui trois fois avait fa le tour du monde comme comptable à bord d l'*Amélie*. Il avait la beauté sévère et épaisse de sculptures grecques : le nez fort, les yeux gros la bouche petite, mais lourde ; la peau avait ét tannée par toutes les brises et tous les soleil des deux continents ; l'œil était vert, les cheveu étaient blonds et la barbe était rousse ; il ava bien vingt ans.

Depuis six mois, Ange avait quitté la marin et travaillait dans les bureaux de son armateu

Nous disions donc qu'après une chaude jou née, un soir de juin, Herbeau buvait le frai sur le chemin de la Corniche, lorsqu'il vit pou la première fois la Catalane. Ange suivit la bell fille, essayant de lier conversation avec elle ; la Catalane fut muette.

Dix jours, à la même heure, Ange Herbeau revit la belle, dix jours elle ne répondit pas... et les brigands d'yeux se rencontraient toujours.

Le onzième soir, elle refusa de prendre la lettre qu'il voulut lui remettre.

Alors, comme son cerveau commençait à lui brûler le crâne, Herbeau mit *toutes voiles dehors* et se fit présenter chez la femme où travaillait la Catalane...

Trois mois après, ils étaient mariés, et ils s'aimaient à ce point... que leurs voisins déménagèrent.

*
* *

Pas tout à fait un an après, madame Herbeau était mère ; elle adorait son enfant et elle était folle de son mari, si folle, qu'elle... le trompait.

Explique cela qui voudra, je constate.

Aussi, les voisins, encore une fois, déménagèrent, car il y eut des heures terribles dans la maison !... des heures où les cloisons gémirent sous le choc des meubles brisés, où l'on cria : « Au meurtre ! » dans la chambre d'Herbeau...

Mais, le lendemain au matin, les deux époux souriant partaient, bras dessus, bras dessous, chacun à leur travail.

Un matin, vers dix heures, la Catalane se rendit seule à son atelier. Ange, tout grelottant, les yeux ternes comme de l'eau de savon, les lèvres sèches et gercées, descendit jusqu'au chemin de la Corniche pour se chauffer un peu au soleil.

Un ami, qui le vit tout tremblant de fièvre, lui demanda :

— Qu'est-ce que tu as donc, Ange?

Ange enfonça ses ongles dans sa poitrine et répondit :

— J'ai du feu là.

— Faut être sage aussi... tu aimes trop la Catalane.

L'ami partit en souriant; Ange haussa les épaules et fit une grimace de mépris.

Un jour, deux jours, dix jours, il vint ainsi, le matin, chercher pour ses poumons en feu l'air rude de la Méditerranée; le onzième jour, il ne put quitter la chambre.

Le vingtième jour, le médecin, qui avait trouvé cette phrase :

« Il s'en va de la poitrine, »

déclara que le malade ne passerait pas la nuit.

La Catalane rentra tard; pendant la nuit, on n'entendit rien dans la chambre; au matin, elle frappa toute en larmes à la porte de sa voisine en criant :

— Mon Herbeau est mort... mon pauvre homme... Qu'est-ce que nous allons devenir... seigneur Dieu, et ma fille...

Puis, tout le jour et toute la nuit, elle resta à genoux au pied du lit d'Ange, pleurant, priant et repoussant ceux qui voulaient l'arracher de la couche de son

« Pauvre cher Herbeau aimé. »

Huit jours après le décès d'Herbeau, des gens assurèrent qu'ils avaient vu la Catalane se promener la nuit dans les allées de Meilhan, au bras d'un galant !

*
* *

Les médisants sont terribles... une accusation circula, tant, tant, que l'autorité, après une autopsie négative, dut un jour faire une perquisition dans la demeure de la Catalane.

Quand les agents et le médecin entrèrent dans la chambre, la Catalane pâlit ; un instant, elle fut obligée de se cramponner à un meuble pour ne pas tomber, puis domptant cette faiblesse, elle prit son enfant qu'elle embrassa et dit :

— Faites votre devoir, messieurs... Pauvre Ange chez le bon Dieu là-haut, qu'il pardonne à ceux qui m'accusent.

Les agents fouillèrent les armoires et les meubles. Avec cette manie d'imitation qu'ont les singes et les enfants, la petite fille d'Ange chercha elle aussi dans les bibelots extraits des tiroirs.

Las d'une perquisition vaine, les agents se retiraient lorsque la Catalane jeta un cri terrible et se précipita sur son enfant.

Les agents se retournèrent ; la mère haletante, les yeux hagards, resta quelques secondes sans pouvoir répondre; un agent s'avança... alors, ébauchant vite un sourire et montrant un rasoir ouvert :

— Ma fille jouait avec ce rasoir... oh! j'ai eu peur.

Les agents se regardèrent semblant dire : enquête vaine, autopsie sans résultats. Insouciants, ils crurent ou acceptèrent cette explication et se retirèrent, s'excusant de leur mandat.

L'enfant avait les lèvres et le bout des doigts couverts d'une poudre blanche.

Le médecin était resté ; lorsqu'on n'entendit plus le bruit des pas dans l'escalier, il s'avança vers la Catalane, qui recula devant lui.

— Catalane, dit-il, donnez-moi le petit paquet que vous tenez dans votre main.

— Le paquet, ce n'est pas du poison!

— Donnez-le-moi, vous dis-je?

— Mais ce n'est pas... je vous jure.

— Essuyez les lèvres de votre enfant, ou ce soir il n'existera plus.

La Catalane se précipita vers sa fille et lui lava les lèvres et les mains; puis, tombant à genoux, elle s'écria :

— Oh ! grâce ! ne me faites pas guillotiner.

Le docteur prit la poudre, l'examina et dit :

— C'est pour votre enfant que je vous gracie... Au reste, votre châtiment sera plus terrible : chaque jour vous me verrez, et mon regard vous rappellera votre crime.

II

LA FÊTE DES MORTS

C'est la fête des Morts !

La cloche de la petite chapelle du cimetière gronde, le vent hurle dans les cyprès... l'air est roid, triste et terne :

C'est la fête des Morts !

Au travers des baraques de foire, au bruit des musiques germaniques de saltimbanques, la foule se presse compacte, riante, joyeuse, s'émiettant, avant d'entrer au cimetière, dans toutes les guinguettes.

Le vin bleu dans les verres à quinquet, comme ça brille, quel bon brouillard chaud emplit les salles ; tous les parfums s'y mêlent : l'oignon domine cependant ! Quel bruit ! quel vacarme !... les brocs d'étain se heurtent... Toutes les minutes, la tête avinée du sommelier paraît au cratère de la cave... toutes les secondes, les joues gonflées et les gros yeux ronds du chef apparaissent dans le nuage aromatisé de ses fourneaux... les garçons se croisent en beuglant :

— Un litre... un !

— Une tête... veau... une !

— Six gibelottes... six !

— Une chopine... du pareil... une !

— Par ici !... Servez !!! Enlevez !

Ding, ding ! ding, ding !!!

Oh ! la cloche du cimetière, balancez-vous dans le brouillard !...

C'est la fête des Morts.

***

Dans les cimetières, sous la glaise grise... *il* se secoue dans son paletot de toile et dans son pardessus de sapin.

— Toc, toc ! dites donc, jeune homme, êtes-vous éveillé ? Je vous la souhaite !

— Je vous le rends bien ! Il paraît que c'est le jour de visite !

— Que n'est-ce le jour de sortie !

— Est-ce que vous attendez du monde ?

— Jamais !... un créancier, peut-être, qui viendra me chiper une couronne.

— Moi, j'attends ma femme ! encore une scène qui va me faire du mal !!!

— Pourquoi ?

— Vous allez voir ça !... des sanglots à n'en plus finir... pauvre petite, va !

— Chut ! on vient chez vous !

— Pauvre femme, va !

— Dites donc, voisin, elle est gentille, eh ! eh ! l'œil brillant, la bouche fine... je vous en fais mon compliment.

— Pauvre enfant !

— Où diable voyez-vous des larmes !...

— Silence, jeune homme.

— Savez-vous qu'elle a du chic ?

— Jeune homme, respect aux vivants.

— Ah ! ah ! mais elle n'est pas seule.

— Hein ! pas seule ?

— Vous ne voyez donc pas un jeune homme qui porte des couronnes ?

— Un jeune homme ! Qu'est-ce que cela veut dire ?

— Écoutons-les.

— Pardon, ça ne vous regarde pas.

— Chut ! ils parlent.

. . . .

***

« — *Ah ! enfin, c'est là... je croyais ne pas le retrouver...*

— *Anatole, donne-moi le bouquet.*

— Cristi, que le chemin est sale... j'ai de la crotte jusqu'aux genoux.

— Bah! c'est la dernière fois que nous venons.

— Est-ce que c'est cette année qu'on le relève?

— Oui!... que fait-on de ce qu'on enlève?

— Je crois qu'on en fait du noir animal!

— Dis donc, je pourrai faire vendre l'entourage et la pierre, n'est-ce pas?...

— Pardi!... c'est à nous! Dépêche-toi, voyons... tu sais que nous devons aller voir notre petit en sortant... »

. . . .

*
* *

— Ah! ah! ah! leur petit!... ah! vous y êtes!...

— Jeune homme, je vous défends de plaisanter.

— Ah! ah! farceur, va!... Ah! à vous le bouquet.

— Eh bien! des immortelles?...

— Des fleurs jaunes, quoi!... Ah! ah!

Ding, ding, ding, ding!
Chante, petite cloche du cimetière...
C'est la fête des Morts!

*
* *

En face de la porte du cimetière est une guinguette appétissante... Au-dessus de l'huis resplendit la devise suivante :

On est mieux ici qu'en face.

La salle est enhavie par des hommes pâles, au chapeau crêpé... des gandins déguisés sans doute, car ils cachent leur habit noir sous une blouse luisante... Tous ces gens-là doivent descendre de Charlemagne... par les pieds.

La table est couverte d'un monde de plats fumants ; les verres tendent leurs bouches béantes aux bouteilles obèses... et tout autour de l'autel... de la table immense, les servants de ce temple de la gibelotte font un tapage infernal :

— Aux morts !

— Aux vivants !

— A nous !

Et les verres se heurtent à chaque toast nouveau ; les intimes se font des confidences :

— Eh ben, Banchard, comment que ça va ?

— Ah ! ma pauvre vieille, je suis éreinté ; j'ai fait ce matin un *chêne et plomb* au *Montpernasse* et un *gosse* à Montmartre.

— Et moi donc... j'ai pas fait un clou... Deux *hopitals* à cé matin !... qué vermine de métier.

— Tais-toi, v'là le président qui va parler.

Un homme se lève titubant ; il saisit sa coupe,

et la levant vers le plafond, où ses yeux vagues cherchent le ciel, il dit :

— Croque-morts, serviteurs d'Érèbe et de Chaos, je bois à vous et aux médecins qui nous font vivre... Je bois à la fête des Morts.

Ding, ding! ding, ding! hurle encore la cloche de la chapelle.

C'est la fête des Morts.

*
* *

Et là-bas, fendant la foule, grelottant dans sa longue robe noire, marchant à travers les tombes, glissant parfois sur la boue grasse du cimetière, une femme va tomber à genoux devant un étroit entourage placé sur la fosse commune.

Elle n'a, pauvre mère, ni bouquet ni couronne... elle n'a que ses larmes, ses prières et son éternelle douleur!

De profundis!

*
* *

Ding, ding! ding, ding! la clocle sonne, ie vent siffle dans les cyprès, les cierges brûlent dans la chapelle et l'encens monte à Dieu!

C'est la fête des Morts.

III

SOUS BOIS!

Un journal a jeté le cri : Guerre aux braconniers!... Il a appelé les chasseurs aux armes pour la triste croisade!

Est-ce sa faute, est-ce celle du destin?... toujours est-il qu'on m'a délogé de mon pays, de mes grands bois ardennais... les chasseurs d'hommes à buffleteries jaunes m'ont prié à coups de fusil de passer la frontière, et aujourd'hui je n'ai rien pour vivre et faire vivre les miens... Rien, qu'une ressource : écrire des histoires sur ceux que l'on s'acharne à poursuivre.

***

Qui je suis d'abord? Un homme en fer, croyez-le, grand et solide, brun comme une queue de vache, c'est-à-dire noir à la pluie, roux au soleil, la barbe rousse, l'œil brun, pas noir, le nez droit, la bouche sensuelle, enfin, pas mal du tout, parole d'honneur!... D'Autry à Montmédy, les filles d'auberge sont assez de cet avis...

J'ai pour compagnon un chien, Bisco... pour outil, un Lefaucheux à deux coups...

Pas besoin d'aiguilles, moi!

*
* *

Ah! l'on a crié : haro! sur nous, et de quel droit?

A qui sont-elles les grandes forêts, muettes pour les citadins... bavardes pour nous?... De quel droit ce gibier que nous connaissons... nom et adresse... appartient-il plutôt à vos désœuvrés brûleurs de poudre et gâcheurs de plomb... qui, les trois quarts du temps, envoient leurs chevrotines dans les flancs de leurs compagnons?... Est-ce parce que le gibier leur est à eux indifférent... et qu'à nous il donne la vie à notre foyer?

Que les riches achètent le droit de chasse! très bien!... mais qu'ils n'empêchent pas de chasser les pauvres qui ne peuvent pas payer.

La forêt est le garde-manger du pauvre!

*
* *

Croyez-vous que nous ne gagnons pas bien le droit de le tuer et de vendre VOTRE gibier? Voyons donc un peu!

Voici ce que nous faisons, nous... les braconniers.

*
* *

Tout le monde dort à Autry... La vieille petite église, nichée tout en haut du village, jette au vent deux heures du matin... la lune fait son sac... le temps se brouille... Nous nous levons... la veste est boutonnée, les jambes sont guêtrées.

— Shuit, shuit!

Et Bisco vient frotter son nez sur le cuir des guêtres. Une paire de cartouches dans le fusil, une paire en poche... en route et pas de bruit, le garde-champêtre n'a rien à voir dans cette promenade-là.

*
* *

Pluie, vent, grêle, glace, qu'importe! A l'œuvre!

Nous entrons sous bois, ça vente un brin, et les arbres se tortillent en hurlant comme des damnés.

Vos chasseurs Watteau verdiraient déjà de peur.

Les feuilles sont mouillées et vous arrosent... le corps frisonne... Oh! de la gourde! les doigts ont l'onglée, on souffle dessus... le nez est rouge... Bah! à l'œuvre!

Shuit, shuit!

Bisco approche; en deux temps, on lui passe la cravate de cuir... Il joue de la queue, le faraud; c'est jour de fête, et le tenant en laisse, donnant peu de chaîne, nous longeons la lisière du fourré... Bisco pique du nez... bon signe! on suit un brin: c'est une piste! Bien... ça rentre en plein bois; allons-y, mais pas de bruit... Il fait du vent; ça sert, mais ça peut nuire... Attention!

Un arrêt! Bon.

— Shuit, shuit!

— Qu'est-ce qui retourne, Bisco? Renardeau, Lioup, Sangle, Chevreuil?... Et la bête affirme en donnant du nez et en jouant de la queue...

Un chevreuil? Ça va... nous ne ferons pas buisson creux!

— Dormez-bien, gendarmes et garde champêtre! Le temps est beau pour la saison.

***

Faut voir à qui nous avons affaire!

Un coup de briquet... toc, toc! et à la lueur de l'amadou, le nez en terre...

— Ah! ah! C'est propre... Ça va dans les 120!... Faut avoir ça!

— Shuit, shuit!

Nous suivons la piste... bon, un écart... Pas de bruit! bon Dieu! Ah! Bisco a retrouvé... Nous sortons du bois...

*
* *

— Shuit! v'la l'entrée! Du nez, Bisco!

Nous tournons le fourré... rien! rien! il est entré, mais pas sorti! Bon! il dort!... on attendra monsieur!

On défait la cravate à Bisco.

— A toi, tout ça, mon vieux, et de l'œil et du nez! Longeant tout un côté du bois... comme un factionnaire vigilant, il va, revient, guettant et prêt à donner de la voix si l'on sort.

*
* *

— A moi!... où me placer?... Ah! une bourbière... des roseaux, ça sent la vase... bon! si le monsieur a du nez, la vase empêchera qu'il nous évente... pourtant plaçons-nous à contre-vent... bien!

— Diable! les pieds dans la boue à mi-jambe... il est deux heures et demie... le jour est pour quatre heures... C'est une heure et demie! Cristi!

le bain de pied est frais... enfin on attendra!

On attendra!!!

Dans ce mot, il y a peut-être la mort... on attendra, sans bouger, la nuit, les pieds dans l'eau, le front en sueur sous la bruine de l'aube; si on n'en meurt pas, on est au moins sûr de collectionner pour la vieillesse de bonnes infirmités... Il est vrai que nous ne vieillissons guère, nous autres... nous rencontrons toujours un garde-chasse qui se trompe de gibier et nous loge un peu de n° 4 dans la tête...

Bah! les gendarmes et le garde champêtre ronflent sous l'édredon... taisons-nous et veillons!

*
* *

Le gris envahit l'horizon... le jour va venir... le bois se dégage d'une mer immense de brouillard... on voit à trente pas, ça suffit.

— Shuit! shuit!

Biscò arrive.

— Oh! dessus là!

— Et ouah! ouah! le bon chien donne de la voix et fouille dans le taillis en rabattant sur moi... Dix minutes... les feuilles s'écartent, et, à cent pas, paraît, léger, gracieux, un haut chevreuil roux et blond, frémissant de l'oreille, l'œil effaré, flairant et sondant le vert qui l'entoure.

C'est la *seconde!*

Plus de doigts gelés, plus de membres endoloris : le fusil à l'épaule, un clignement d'œil, et paf!

La bête roule dans l'herbe!

*
* *

Alors vos chasseurs à lorgnon et aux bottes vernies sonneraient le triomphe... les chiens hurleraient.

Nous autres : vite le fusil disparaît dans l'herbe... la bête est cachée sous des branches... Bisco devient muet... et, avançant la tête hors du taillis, d'un coup d'œil, nous regardons s'il ne pousse pas des gendarmes à l'horizon.

*
* *

Rien! bon! Oh! du couteau; la bête est vidée et cachée!

Puis, les deux mains dans les poches, sifflant un air de chasse, tranquille comme un homme vertueux qui vient de voir lever l'aurore, on rentre au pays par un autre côté que celui par lequel on est sorti.

Dix minutes, et gendarmes et garde champêtre partent par le chemin qu'ils vous ont vu suivre... Bon voyage!

Entre nous, le déjeuner est bien gagné.

*
* *

A l'auberge, donc!... Une bouteille de petit champagne rosé... deux côtelettes... de la faïence à fleurs bleues... des verres brillants... tout ça sur une nappe bien blanche en face l'âtre où le feu bourdonne... dans une vaste salle un peu enfumée... à plafond zébré de solives et le tout éclairé par deux fenêtres à petits vitraux que le soleil traverse pour venir crever le cuivre des chaudrons... en jetant de la gaieté plein l'auberge... Des rouliers qui crient... des chevaux qui hennissent à la porte... une servante brune, rose et plantureuse, qui rend des petites taloches pour de gros baisers... et Bisco montrant ses crocs au chat qui brûle ses barbes à la cheminée...

Ah! le beau château de l'appétit... comme il y fait faim et soif... comme on y mange et comme on y boit!

Allez, allez, gendarmes et garde champêtre, allez fouiner là-bas!

*
* *

La nuit a été rude... au lit... Une bonne flambée au foyer! Bisco roussira ses pattes en ronflant comme un chantre... et du sommeil à plein bras... Ah! c'est bon de dormir...

Hue donc, gendarmes! hue donc les gardes!

*
* *

La nuit est venue.

— Shuit! shuit! en route!

Bisco s'étire, et l'on part où l'on a laissé le gibier... le chien flaire si ça sent le gendarme... rien! bon!... la bête est chargée et emballée dans la voiture du laitier, la grande voiture qui est là par hasard... grande sainte nitouche!!! en route pour Châlons et de Châlons à Paris!

*
* *

Gendarmes et garde champêtre peuvent rentrer!

Et moi aussi!

IV

IL AIMAIT MARIE-ROSE

Marie-Rose était une grande fille qui portait haut la tête, sachant mieux que personne qu'elle était la plus jolie de chez nous...

Le teint hâlé, les cheveux roux,
La bouche fraîche, les dents blanches,
Le nez fripon et les yeux doux,
La taille jouant sur les hanches,
Le pied solide et bien chaussé...
Un blanc cotillon, qui se prête
A son petit air balancé,
Laisse voir sa jambe bien faite...

C'était un fruit d'ici, quoi !... Quand elle passait rêveuse, les commères disaient :

— Elle rêve de Jean Collard !

*
* *

Baudry était un grand gars, long comme un

bouleau, maigre comme un vendredi... les cheveux bruns, les yeux bruns, la moustache brune et la peau brune...

La mère de Marie-Rose désirait en faire l'époux de sa fille. C'est que Baudry était un garçon sérieux, rangé, ayant quelques centaines d'écus chez le notaire du pays, et de plus une bonne place: garde-chasse chez le comte de W...

Marie-Rose rêvait de Jean Collard!

*
* *

Jean Collard était un crâne gaillard, bâti comme un chêne... aux épaules larges, au cou robuste, au jambes d'acier. Gentil garçon, des cheveux blonds et des yeux noirs, le teint frais et la barbe fauve... braconnier fini, annonçant la veille aux gardes ce qu'il prendrait le lendemain! Aimé des femmes, haï des hommes, estimé par M. le curé, méprisé par M. le maire, et craint par le garde champêtre.

Marie Rose-aimait Jean Collard!

Jean Collard aimait Marie-Rose!

C'est pourquoi un jour qu'elle était tout en blanc, Marie-Rose épousa Baudry!!!

Neuf mois après, jour pour jour, elle mit au

monde un gros bébé noir comme son père... et depuis, quand l'image de Jean lui traversait le cerveau, elle embrassait bien vite son petit pour ne penser qu'au père.

*
* *

Tous les soirs, Marie-Rose se promenait avec son petit sur la route qui borde le bois des pins... pendant qu'accroupi dans le fossé, la main crispée dans sa barbe, la bouche convulsive, Jean la suivait des yeux, étouffant les cris rauques qui lui arrachaient la gorge.

Un soir, le petit dormait; Marie ne voulut pas l'éveiller et elle vint seule. Lorsqu'elle passa près de lui, Jean la tira par sa robe et, l'entraînant sous bois, il pleura à ses pieds, se tordant dans l'herbe, affolé de rage et de douleur !... Marie aussi pleura, et Jean sécha ses larmes d'un baiser qui confondit longuement leurs lèvres. Ils étaient beaux ainsi, tranchant de leur jeunesse épanouie sur le vert sombre du bois; le front de Marie touchait aux branches humides et la bruine glissant des feuilles sur son oreille rose s'y suspendait comme un joyau.

De ce jour, la pauvre enfant détesta son mari... Elle aima Jean, et si indiscrètement, que son ménage devint un enfer, car Baudry sentait qu'on le trompait.

*
* *

Et maintenant mon histoire commence... Je suis bien aise d'en alléger ma conscience!

Un jour, je sortais de l'auberge des Mages passant ma langue sur mes moustaches humides d'un petit vin de pays pour lequel j'ai une affection toute particulière.

On me frappa sur l'épaule; je me retournai... c'était Jean.

— J'ai à te parler!... As-tu quelque chose en train pour cet après-midi?

— J'ai deux ou trois heures de sommeil que je me suis promises!

— C'est tout?

— C'est tout!

— Veux-tu faire un coup avec moi... j'ai levé deux sangliers... je suis sûr d'un?

— Qu'est-ce que nous ferons de ça?

— C'est placé!

— Alors entendu...

— Bon! dans une heure... le petit bois derrière la féculerie...

— Dans un heure.

*
* *

J'allai me guêtrer, puis retournant aux Mages... je causai un brin avec le garde champêtre pour le dépister... et je m'envolai par le jardin de l'auberge.

Mon fusil démonté et enveloppé dans un sac était toujours caché derrière le *regard*... je l'allai prendre et, à l'heure dite, j'étais au rendez-vous.

*
* *

Jean me conduisit à l'affût qu'il avait choisi. Devant moi le bois, derrière la plaine s'étendant à perte de vue, et à droite une petite colline, très utile en ce sens qu'elle nous masquait du vent, et par cela empêchait les bêtes de nous éventer.

*
* *

Depuis de grandes heures, nous étions blottis dans un long fossé... à trente mètres l'un de l'autre... rien ne paraissait... Un chasseur parisien aurait quitté la partie... nous, nous sommes habitués à la chose, et, loin de nous lasser, plus le temps s'écoulait, et plus nous redoublions de vigilance.

Tout à coup, il me sembla percevoir le bruit de branches brisées... Je regardai Jean pour le prévenir d'un coup d'œil, mais déjà l'arme à l'épaule, le doigt sur la détente et l'œil clignant, mon compagnon attendait la bête.

* *
*

Elle parut, inquiète, donnant du nez, et brisant d'un coup de boutoir un jeune bouleau qui gênait sa marche.

— Paf!... et le sanglier rugissant roula, enfonçant son groin dans les ronces.

Jean se leva pour aller vers la bête, lorsque au sommet de la petite colline se dressa la longue silhouette d'un garde-chasse!

— Holà! mon petit, t'es pincé cette fois... ton fusil?

Jean leva la tête et devint tout pâle... C'était Baudry!

*
* *

— Baudry, va-t'en! passe ton chemin, tu n'as rien vu.

— Allons donc! Voilà trop de temps que je te guette!... tu vas trop souvent chez moi... quand je n'y suis pas, Jean!

— Va-t'en... ou malheur!

— Des menaces! attends.

Baudry mit son fusil à l'épaule, la balle siffla! Jean se mit à rire!

Il tira son second coup et la balle déchira la blouse de Jean qui devint plus pâle et dit :

— Voilà comme on tire... clampin!... et il épaula son fusil.

Baudry avait saisi le fusil par le canon, voulant de la crosse briser le crâne de mon compagnon. Mais Jean plus prompt fit feu de son second coup.

La balle entrant par les narines traversa la cervelle du malheureux, qui vint rouler sur le sanglier.

*
* *

J'entraînai Jean... Sa main tremblait, la sueur perlait à son front, et son œil vague me regardait sans me voir; je craignis un instant qu'il ne devînt fou... Quand nous nous arrêtâmes près du *regard*, il resta muet, l'œil fixe, sans conscience de ce que je faisais.

Je démontai nos fusils et les cachai.

*
* *

La nuit était venue lorsque nous arrivâmes chez lui... sa demeure était éclairée... un tremblement convulsif agitait ses membres.

— Qu'as-tu donc?

— Marie-Rose est chez moi! j'ose pas entrer

— Il faut...

Il obéit comme un enfant et entra.

*
* *

Je le guettai par la fenêtre de derrière. Redevenu maître de lui, il reprochait à sa maîtresse d'être venue?

— C'est que tantôt, dit Marie, je me suis disputée avec *lui*... et il est sorti en disant : « Ton Jean, tu y penses... mais ce soir, il sera à l'ombre, ou malheur!... » Ça ma fait peur! je suis venue... je t'ai vu... je m'en vais... embrasse-moi! Comme t'es pâle?

— C'est ce que tu m'as dit!... Va-t'en!... va-t'en!...

Il l'embrassa, elle partit.

J'entrai.

— Que faut-il faire?

— Viens avec moi aux Mages... Nous entrerons par le jardin... et nous dirons que depuis tantôt nous jouons là aux boules... Viens.

Il me suivit sans murmurer... tout alla pour le mieux... et ce fut même le garde champêtre qui, à onze heures, le reconduisit à sa porte...

***

Le lendemain, sitôt levé, j'allai aux nouvelles.

Tout le monde était sur les portes; on avait trouvé le corps du malheureux garde vers quatre heures du matin.

Voici ce que le procès-verbal déclarait :

Baudry, surpris à l'improviste par un sanglier, avait à peine eu le temps de lui loger sa première balle... Son second coup ayant fait long feu, et le sanglier mortellement blessé faisant tête... il avait pris son arme par le canon pour achever la bête à coups de crosse... lorsque par une circonstance inexpliquée, le second coup partant, le malheureux était tombé foudroyé...

* * *

Marie Rose aimait Jean Collard!

Jean Collard aimait Marie Rose!

Un an après, ils s'épousèrent... Le petit fut placé chez la grand'mère Baudry; il vient voir sa mère deux fois par an.

* * *

Depuis le 15 août dernier, Jean Collard est bien changé : il maigrit, son dos se voûte, ses yeux se voilent et il divague la nuit.

Ça lui a pris après le dîner, le soir de la fête de sa femme, quand le petit, — qui est tout le portrait de son père, — lui a dit :

— Dis donc, père Jean, comment donc qu'il est mort, papa Baudry ?

Le médecin soutient que Jean Collard s'en ira avec les feuilles !

V

UNE NUIT D'HIVER

C'était le soir. Novembre s'amusait à déshabiller les arbres, le vent hurlait dans les cheminées, l'enseigne du *Coq d'or* grinçait sur sa tringle rouillée, la bouillotte chantait dans l'âtre la chanson de l'hiver !... moi je me grattais l'oreille en relisant une lettre courte, mais concise, que le facteur venait de me remettre :

Vouziers.

« Je dois envoyer quinze lièvres à Paris; il m'en manque dix... il me les faut demain avant midi... »

*
* *

Mais il sortait des tricornes de gendarme de chaque terrier, il poussait des plaques de garde à chaque taillis... et le garde champêtre était devenu mon ami acharné, à gauche, à droite, devant, derrière... toujours il était là, sa tabatière à la main, étalant le faux sourire de ses quatre dernières dents.

Où aller?

Un confrère me conseilla le parc du général X...

— Si je fais bonne chasse, dis-je, demain je viendrai te le dire!

*
* *

Vers neuf heures, j'allai tendre mes collets; la terre était encore humide d'une pluie légère tombée le matin, le temps était froid, la nuit noire... la lune n'allant dans le monde que vers deux heures du matin. Un mauvais temps enfin, mais je n'avais pas le choix! J'arrivai au parc... je longeai le mur, et trouvant une partie ruinée qui semblait faite exprès pour la chose : hop! je sautai. Cristi! les poilus donnaient, j'en sentais me partir des jambes; je place mes collets, et, pour me retrouver, je fais des entailles sur les arbres.

La besogne faite, je regagne le petit mur... et, comme il fait un froid de loup, un bon temps de course me ramène à la maison... La chambre est chaude, faut se dépêcher de prendre du sommeil!...

Trois heures sonnent!... Hop là!

Il fait clair de lune... bonne chose pour y voir... le sac en ceinture pour ne pas gêner les mouvements, et en route!

— De quoi! de quoi! Bisco, vous remuez la queue... Pas du tout, mon vieux chien, vous n'avez pas d'invitation.

Le quart qui sonne... nous sommes arrivés...

— Hop! c'est enjambé. Attention, bon Dieu, cette coquine de lune est d'une indiscrétion... Voilà mes entailles, marchons... Oh! oh! un taillis qui grouille là-bas!... hum!... ça sent le garde, ça!

Je m'accote à un bouleau, et, noyé dans l'ombre, l'œil rivé sur le taillis, je reste immobile!

* * *

— Si c'est un garde-chasse, rien ne l'oblige à se cacher... il est armé, et il voit que je ne le suis pas... Il ne bouge pas. Ce n'est pas un garde!... C'est peut-être un confrère à l'affût?... Bigre! s'il se trompait de gibier... Hé! voilà où je regretterais d'être pris pour une bête... Rien ne bouge!... Nigaud, va!... c'est quelque renardeau qui vient de se régaler après mes collets... Attends un peu, avec une pierre, nous allons voir... V'lan!... rien!... allons je suis fou!... marchons et à l'ouvrage!

Je quitte mon arbre... le taillis grouille, la lune fait scintiller une branche qui s'abaisse... Tonnerre, c'est un canon de fusil !

Paf !

Touché... j'ai pas s uté assez vite... on aurait dit un coup de poing que je recevais dans la hanche... Allons, pas de temps à perdre... sauvons-nous.

— Ah ! ah ! c'est la chasse à l'homme !

Ma situation est claire... Introduction la nuit avec escalade dans le parc d'une maison habitée.

C'est tout simplement les galères... Pas de milieu, faut sortir d'ici ou y rester mort ?

Le bagne, le bonnet vert, jamais ! On a beau être *à peu près* honnête... il est des heures où l'on devient assassin... Oh ! si j'avais mon fusil ! coquin, va !

Il approche le gueux... Attention, il a de la mort encore plein tout un côté de fusil... Parfois j'écrase *mon* gibier qui s'étrangle dans les collets. Avec ça, que ça me pèse d'un lourd dans le côté, heureusement que mon sac en ceinture a amorti la balle.

***

Gare ! voilà l'ennemi, le sang perdu m'affaiblit... et pas d'armes... à tout hasard, j'ouvre mon couteau... marchant, d'arbre en arbre, de taillis en taillis, glissant, rampant, courant... écoutant dans l'ombre le crépitement des ronces qui se brisent sous les pieds du chasseur!... Ah! la lisière du fourré, le mur, enfin!...

Diable, pour y arriver, il faut traverser cette éclaircie de basse futaie... gueuse de lune, va!!!

Bah! on ne meurt qu'une fois... mais si tu me manques, vermine, je t'étrangle... Allons-y! holà! Paf!!!

Pas touché... mais je me suis pris le pied dans les ronces... et je roule dans l'herbe... Ah! le gueux, il a jeté son fusil et il saute sur moi... et nous voilà corps à corps nous déchirant, roulant dans les ronces qui nous égratignent... jurant comme deux damnés... je veux jouer du couteau, mais le gaillard m'a saisi le poignet et il le tord dans ses doigts d'acier... mes forces s'épuisent!!!... Allons, c'est pesé; j'en suis pour cinq ans de bonnet vert... oh! je me tuerais plutôt.

*
* *

La lune tape en plein sur nous.

— Cette fois, tu m'appartiens, — dit une voix que je reconnais trop.

— Tonnerre!!! le général X!...

— Qu'est-ce que c'est que ça?

— C'est moi, général!

— Eh! je te reconnais bien!... Que fais-tu ici?

— Une promenade... au clair de lune... question de santé!

— Ah!... Le général, se grattant le front, ronge sa moustache... Tu es déjà venu?

— Hier soir, mon général, pour la première fois, je le jure.

— Tu as escaladé le mur à l'endroit où il s'est écroulé?

— Oui, mon général!

— Tu as marqué les arbres au couteau?...

— Oui, mon général.

— Sais-tu que je puis te faire condamner aux galères?

— J'en suis pas bien sûr... mais je le crois.

— J'en suis sûr, moi! et si tu dis un mot de ton escapade de cette nuit... je te le prouverai!...

— Général, je deviens muet comme le député de chez nous.

— Tu es blessé?

— Oh! presque rien.

— C'est bon, on te soignera... Appuie-toi sur moi pour repasser le mur...

J'enjambe les pierres... le général me fait un signe et me dit :

— Un mot de ceci... et je t'envoie à Toulon.

*
* *

Neuf heures sonnent et je ronfle comme une toupie... rêvant que les lièvres se font inscrire chez moi, inquiets de ma blessure. Le soleil crève mes rideaux; je me lève, et la première chose qui frappe mes yeux, c'est mon sac... mais rond, dodu, obèse de douze lièvres superbes.

Mon chien Bisco me regarde, puis se dressant et appuyant ses deux pattes sur le marbre de la cheminée, il renifle et me fait de l'œil... C'est sa manière de me dire : regarde!

C'est une lettre, je l'ouvre et je lis :

« Manqué cette nuit, n'y reviens pas!... Un mot... et Toulon. »

Ce luxe de recommandation était inutile.

*
* *

Au *Coq d'or*, mon *compaing* de la veille me cria, du plus loin qu'il me vit :

— T'as rien vu?...

— Non!

— T'as de la chance?

— Pourquoi?...

— Parce que le garde du général disait ce matin que son maître a passé la nuit à l'affût pour guetter l'amant de sa femme... et même il l'a pincé et lui a envoyé ses deux coups de fusil... il est touché; on a vu du sang!

— Ah bah! l'amant de sa femme!

— Le général l'avait déjà pincé une fois... et lui logeant sa botte dans les pans d'habit, il lui avait dit : « Si tu reviens, j'ai marqué la place où je t'enverrai ma balle! »

— C'est plus haut, — et je porte la main à ma hanche.

— Hein?...

— Rien! rien!

— Ah! Ah! s'il t'avait pris pour lui... ça serait drôle; ah! ah!

Il trouvait ça drôle, lui!

VI

UNE NUIT DE NOVEMBRE

La Société formée pour la répression du braconnage a porté ses fruits. Hourra ! messieurs les chasseurs, hourra ! Le plomb des gardes a rougi les ronces des bois.

Coupot, le garde du bois de la Sangle, aura bientôt cinquante ans ; c'est encore un solide gaillard. Sur sa peau tannée, pas un poil blanc ; ses cheveux et sa barbe, d'un roux brun, sont rudes comme la soie de sanglier ; son œil noir s'appuie lourd sur celui qu'il fixe ; ses lèvres sont minces et sans couleur. Habitué à vivre sous bois, il est silencieux ; habitué à souffrir, il est triste.

A trente ans, il avait une femme et une paire d'enfants... Un chasseur parisien enleva la femme, le petit garçon allant un jour à dada sur un fusil s'est fait sauter le crâne.

*
* *

Coupot n'a plus qu'une fille, belle comme sa mère : la peau brune, les yeux noirs et les cheveux blonds.

Comme Jeanne a vingt ans passés, elle aime ; aussi le soir, quand son père est rentré de sa tournée, qu'il a accroché son fusil, débouclé ses guêtres, qu'il s'est jeté sur son lit dur, et que Bisco, son grand chien rouge, ronfle dans les cendres, elle court sur la lisière du bois tendre de belles joues fraîches aux grosses lèvres rouges de son amoureux. . . . .
. . . .

*
* *

Le vent gémit en effeuillant les arbres, les ronces se tordent échevelées, les liserons se heurtent et crient...

Coupot se dit :

— Qu'hein ! qu'hein ! un bon temps de braconnier... Si j'allais faire un tour sous bois ?... Histoire de rire et d'user du plomb...

Et il prend son fusil, glisse du numéro 2 dans les canons, guêtre ses jambes nerveuses, et, sans carnier, sans chien, enjambant sa haie, il s'enfonce dans la forêt.

— Bien! voici la sente... Eh! eh! l'herbe couchée... ça sent l'homme!

Genoux en terre, il fait pétiller le briquet et furette à la lueur de l'amadou.

— Rien!... pas de passée... C'est un homme!... allons-y!

Piquant du talon et se relevant sur ses pointes pour amortir le bruit... Il marche.

— Aïe!...

Il a trébuché.

— Pas de feu ici!

Il se baisse encore, et, à tâtons, il cherche l obstacle.

— Un collet!!!... Oh! oh! des fils... nous allons voir jusqu'où ça mène.

Alors, à quatre pattes, rampant, glissant, il suit la sente; les orties et les ronces lui mordent les chairs; il avance toujours, et son œil, qui s'habitue à l'ombre, cherche à percer le noir du bois.

— Encore un! un autre! Qu'hein, qu'hein! Encore! Ah! c'est la fin. Holà!!!

Et, d'un coup, l s'est dressé et jeté dans l'ombre d'un hêtre. Sa tête est tendue en avant, son œil sonde le bois, la batterie de son fusil s'appuie sur sa poitrine, son doigt caresse la détente.

Il entend l'herbe et les ronces craquer sous des pas qui s'éloignent.

Coupot ne bouge plus.

* * *

La lisière du bois est à peine à cent pas du garde; on peut donc, malgré la nuit, distinguer dans l'éclaircie de la route la silhouette de ceux qui viendront.

Comme Coupot fait sa dernière ronde à dix heures et la première à deux heures du matin, c'est dans cet intervalle que les braconniers viendront relever leurs collets.

C'est bon! il attendra!... il attendra immobile!! La bruine des nuits mouille son front moite de sueur, le vent colle sur sa peau fumante ses vêtements glacés...

Qu'importe! il ne sent rien, le père Coupot! Solide au poste, il est à l'affût, il veut son gibier, son plomb doit briser un crâne; homme ou bête, il faut qu'il tue.

C'est lorsqu'on a vécu sous bois qu'on comprend cette fièvre-là... le cerveau bout, la poitrine se soulève, l'haleine siffle, les bras qui tiennent le fusil sont de fer, mais le doigt tremble sur la détente.

Depuis une heure, il est là... immobile toujours, comme les arbres qui l'entourent.

Du bruit! enfin. Les feuilles sèches craquent sous un pas! C'est un homme.

L'œil de Coupot devient phosphorescent; il voit distinctement l'inconnu traverser la route et s'arrêter à la lisière du bois... puis se promener silencieux, semblant guetter de tous côtés.

— Il n'est pas seul, se dit Coupot ; monsieur attend ses compagnons... qu'hein ! qu'hein !... Et ses doigts font jouer la batterie de son fusil.

*
* *

Sous bois, l'oreille se fait ; elle distingue chaque bruit, le heurtement des feuillées, les passées de gibier ou les pas d'homme.

Le garde tend l'oreille ; on marche ; les ronces crépitent sur la sente qu'il a suivie... il croit comprendre : on le cerne. Ce n'est plus seulement au gibier, c'est à lui qu'on en veut.

— Qu'hein ! qu'hein ! paraît que c'est une société. Avant que les autres arrivent, nous allons causer avec ceux-là.

Il épaule... les pas approchent, et lorsqu'une forme plus noire se dessine au milieu de la sente...

— Paf !...

Coupot a tiré et le bois a répercuté deux fois la détonation. Le vent hurle, les arbres se tordent... l'homme qui gardait la lisière s'enfuit à toutes jambes.

*
* *

Coupot attend quelques minutes, puis, voyant que rien ne bouge, il avance rampant et traînant son fusil... Sa main glisse dans un cloaque : le sang de sa victime, sur laquelle il tombe... Il se redresse frissonnant. Si indifférent qu'on soit à la mort, le contact du cadavre terrifie.

Il bat le briquet et promène la lueur fumeuse de l'amadou sur le visage sanglant...

Un cri rauque sort de la gorge du garde, et s'arrachant les cheveux, le misérable se roule dans les ronces en hurlant de douleur...

Coupot avait tué sa fille !

VII

LA LÉGENDE DU PÊCHEUR

— Espère! espère!... file le foc! amène la brigantine... Saute, toi le Calus, et amarre la bosse. Ohé! Tenez, monsieur, prenez la main du petiot, le temps que nous débarquons les agrès; montez l'échelle, virez à l'est, la deuxième cambuse à bâbord... C'est là!...

C'est ainsi que s'exprima le père Lecour en me débarquant dans le premier bassin de Dieppe.

*
* *

Nous revenions de la pêche; partis vers trois heures du matin, nous arrivions lorsque onze heures du soir sonnaient à Saint-Jacques. Connaissant peu le *Polet*, je préférai attendre que le vieux pêcheur fût tout à fait à terre, pour me hasarder dans un quartier inconnu. Quand, aidé de son matelot et de ses deux fils, il eût terminé, nous partîmes vers sa demeure.

Non seulement les masures de Polet n'ont pas d'étages, mais encore est-on forcé de descendre une ou deux marches pour entrer au rez-de chaussée.

On en descendait trois pour entrer chez le père Lecour... Je les sautai.

Bon Dieu! jamais mes narines n'avaient aspiré tant de... parfums.

L'ail, le vieux poisson, le safran et l'huile rance se condensaient dans l'air d'une façon indéfinissable. Trois minutes, je luttai pour ne pas éternuer...

Je fus vaincu!

*
* *

Elle était curieuse à voir, la demeure du vieux pêcheur :

Le sol était de terre non labourée et vierge de culture (n'est quelques champignons qui poussaient dans les coins); les murs, faits de cailloux et de boue, laissaient voir à tous leurs mosaïques misérables; le plafond était encore à faire; deux solives formant la croix soutenaient la toiture : toiture de tuiles mal jointes, entre lesquelles l'eau filtrait les jours de pluie, pour tomber en larmes de boue sur les habitants. De chaque côté de la chambre, un lit : celui du père et de la mère Lecour, celui des fils et du matelot.

Ai-je dit : lit?... On pourrait dire autre chose... Enfin, mettez : lit!

Les filets pendus aux solives servaient de voiles pudiques, en dérobant aux indiscrets les charmes de la mère Lecour s'arrachant au sommeil...

Il est vrai que les charmes de la mère Lecour étaient un peu comme les filets.... Son corps faisait l'office de la solive.

Entre les deux lits, une immense cheminée dans laquelle brûlaient les épaves trouvées par la famille. La crémaillère suspendait au-dessus du foyer la grande marmite... C'est de ce récipient que s'échappaient en vapeur les... parfums susnotés.

Depuis notre départ pour la pêche, nous n'avions pas mangé ; je crus devoir rappeler au père Lecour sa promesse d'une certaine soupe qui avait, disait-il, fait la réputation de son épouse.

— Espère! espère! mon fils, c'est pas les Anglais qui la mangeront... Eh! la vieille? et c'te soupe?

— Elle va ben, l'père! j'ai mis l'ail et l'huile, j'vas mettre le safran, répondit la mère Lecour.

Ces petits détails de la composition de mon dîner me firent faire une grimace, à laquelle la famille répondit par un sourire, en se passant gloutonnement la langue sur les lèvres.

*
* *

Le père Lecour était allé à la porte, qu'il avait entr'ouverte... Son regard s'était levé vers le ciel, et il revenait hochant silencieusement la tête.

— Est-ce que le temps se gâte?

— C'est-à-dire que pour la pêche de notre Seigneur Jésus, je ne remettrais pas ma boîte à l'eau!

Et la famille se signa.

*
* *

— Ah! an! ajouta-t-il en ricanant, il y a quelques jours, j'ai voulu travailler par un temps pareil... Il m'en est arrivé cette nuit-là!... Si on peut dire que c'est arrivé, cependant...Je m'en souviendrai!... et toi aussi, hein? vieux ronfleur!

Ces derniers mots étaient adressés à un gros chat noir, qui *ronronnait* en se brûlant les moustaches au foyer.

— Vraiment, fis-je, oh! contez-moi donc ça?

— Oh! c'est que c'est toute une histoire.

— Justement, j'adore les histoires, et celle-là nous fera patiemment attendre le dîner.

— Eh ben! ça y est, dit le vieux pêcheur.

*
* *

Il attira sur ses genoux le gros matou, qui continua son ronron monotone, et chacun s'avança... Le temps devenait mauvais, le vent hurlait dans les tuiles, les éclairs brillaient et le tonnerre gronda sourdement au loin.

Le père Lecour commença :

*
* *

— Pour lors donc que c'était à peu près le même temps qu'à ce soir... la brise soufflait *nono-et;* j'avais entendu deux vieux dire que, depuis le matin, le maquereau donnait. Bon! que je me dis, je connais un fond dans les eaux anglaises... Espère! espère!... cette nuit, je prends le petit gréement... tout seul... et une fois arrivé... Espère! espère!...

Vers le minuit, je me lève doucement; tout le monde ronflait, à croire qu'il y avait des souffleurs plein la cambuse... Je pars!

Mais le matin, j'avais tiré mon bateau sur le galet au lieu de le rentrer dans le bassin. Je ne pense plus à ça... j'arrive... pas moyen de le mettre à l'eau tout seul!

— Carcasse de chien! que je me dis; coup manqué. Aller chercher les petits, par un temps pareil!... j'veux pas;... un sur le bouillon, c'est déjà de trop!... tout seul on revient... quelquefois;... à plusieurs, il y en a toujours un qui reste;... Pas de ça... Après tout, je ne tiens pas tant à ma carcasse... Je pousse le bateau; ah! ben ouich! il est collé comme une poulpe... Eh! aïe donc là! aïe donc! La sueur me coule sur les joues. Aïe donc!... Il bouge pas, le gueux! Misère!

* * *

— Oh! oh! quéque c'est que ça? on me tape sur l'épaule! Je me retourne... c'est un grand gaillard, long comme un grand mât, maigre comme une drisse de hauban.

— Père Lecour, qui dit, voulez-vous un coup d'épaule?

— Peuh! vous êtes pas gros!... allez-y tout de même!

— Il pousse! tonnerre! quel gaillard!... d'un coup d'épaule, la boîte danse sur le bouillon. Je saute sur la levée, il saute derrière moi!

— Quéque vous faites là?

— Je veux faire une promenade en mer.

— Oh! mais pas d'ça; j'emmène personne... il fait un temps de chien!... ça moutonne déjà!

— Ne vous occupez pas de moi!

— Après tout, ça vous regarde... Mais je vous

préviens, v'là une brise *nono-et,* vous m'en direz des nouvelles.

Le grand secco dit pas un mot, et s'affale sur la levée.

Moi, je hisse ma toile, j'amarre les écoutes du foc et de la brigantine... et aïe donc! je ne vous dis que ça : nous filons comme un goëland.

— Carcasse! que je dis, avec une brise comme ça, je parie qu'avant une heure, je crache chez les Anglais!

Le temps est noir, à croire qu'on flotte sur de l'encre... Ah! il serait finaud, le garde-côte des *homards* qui viendra me pincer... Espère, espère, nous v'là sur la limonade de messieurs les Anglais.

— Hé! secco... nous y v'là; attention, mon petit père... Collez-vous en vigie et pigez autour de vous si vous ne voyez pas de bateau : je jette les engins! Je lance les outils... le vent donné, nous filons.

Crac!... une secousse, la drisse casse... les outils perdus.

— Boyaux de chien! Carcan! Qu'est-ce donc qu'ils mettent dans la tasse?... Oh! je les *haïl*-y, ces gueux d'Anglais!

Heureusement qu'on connaît son affaire... Je suis monté en double... Oh! le filet à doubles mailles qu'a des flottes...Oh! hiss là, je te flanque à l'eau... Bon Dieu! il enfonce dans la *gouah* comme s'il était en plomb... Je tiens bon... Vlan! la drisse casse, patatra... Je saute sur la gaffe... Oh! là, bon... j'ai accroché une flotte... Clac! la brise pousse et la gaffe casse dans mes mains.

— Ventre de chien! tonnerre! carcan!... encore un de perdu!

— Attention! que me crie le secco.

— De quoi qu'il y a?... Des Anglais! qu'ils y viennent; j'ouvre le ventre au premier qui aborde mon batiau.

— Pas ça! qui dit, regardez là-haut.

— Potence à l'ail!

Le ciel crève comme le ventre d'un maquereau qu'on écrase. Du tonnerre, du vent; les clains du bateau se tortillent sous la lame.

— Mon bonhomme, que je dis au secco, préparez vos passeports... v'là la danse.

La brise pousse à crever la toile, le mât fait le cerceau, nous donnons à la bande et pas moyen de nous relever... nous embarquons dix tonnes d'un coup... Je saute sur l'écoute pour filer la brigantine.

— Charogne!

L'écoute est rivée au bordage... Je cherche la hache! rien!...

— Holà! que je crie, grand sec, un couteau où nous sommes perdus!

Vierge Marie! je l'entends rire, le gueux! Je

saute sur l'écoute et de mes dents je déchire le chanvre goudronné... Ah! ouiche! autant mâcher de la gomme... Nous embarquons toujours, déjà, j'ai du bouillon jusqu'aux genoux.

— Potence, va! nous y sommes... J'vends ma vie pour deux sous!

Le grand sec se redresse.

— Veux-tu vivre? qui m'dit.

— Carcasse! si je veux!... faites ça, et demandez au père Lecour ce que vous voudrez.

— Ton âme! qui fait.

— Malheur!... Bah! dans deux minutes, je l'aurai plus... la donner ou la perdre... ça y est!

— C'est marché fait?

— C'est entendu, à vous l'âme... mais sauvez la peau.

*
* *

Paf! l'écoute casse, la brigantine s'affale dans le bateau... tandis que le foc limoneux clapote sur le mât... et le bateau se redresse.

Alors, je regarde le grand sec : droit, semblable à un I appuyé sur le mât, ses cheveux rouges se tortillent sous le vent comme des flammes, ses yeux jettent dans la nuit de fauves éclairs; il rit, le gueusard, et, chaque fois, ses dents s'illuminent : on dirait des pastilles de phosphore... Les lames devraient l'inonder, et le gredin est sec comme une arête.

— Holà! qu'il crie, vire!

J'obéis, et nous marchons vent debout, à croire qu'on nous remorque de l'avant.

— Relève tes outils!

Je regarde; je vois une flotte, je tire... et j'amène mes deux filets pleins, pleins à crever... des poissons jusqu'au ventre... et nous filons!... J'aperçois le phare!

— Attends un brin qu'je m'dis... ici je me connais; en vingt brassées, je suis à terre... un bon chrétien donne pas comme ça son âme d'un seul coup. Espère! espère!... Hé, la grande carcasse! secco, tu crois que t'as mon âme... tripes de chien! faut prendre la peau pour ça.

— Comment? qui dit.

— L'âme, c'est dans le cœur qu'on trouve ça!... viens donc la chercher. J'ai mon couteau maintenant, galeux! Allons, viens donc!

— Tu le veux?

— Si je le veux! tu vas voir ça, carogne!

* * *

— Potence à l'ail! il me saute sur le corps; je lève mon couteau, la lame se brise comme du verre.

Oh! vermine!

Nous nous prenons à bras le corps, et nous

roulons enlacés dans le fond du bateau, nous mordant... Le vent hurle, le tonnerre chante, et, à la lueur des éclairs, je vois la figure du grand sec, rouge du sang qui coule de mes blessures. Misère! en nous débattant, nous glissons tous les deux dans la grande tasse... Je veux m'en débarrasser pour flotter, pas moyen : l'eau me bouillonne dans les oreilles.

— Glou, glou, glou.

Nous enfonçons toujours... nous touchons le fond... là; il me met un genou sur le ventre, et de ses mains armées de longues griffes... il me creuse la poitrine pour m'arracher le cœur, lorsque.

. . . .

Je m'éveille, et je vois ce brigand de chat que je tiens sur mes genoux qui griffait ma vareuse pour y piger le lard et le pain que j'avais dans ma poche de côté depuis l'matin ousque je m'étais endormi en revenant de la pêche.

* * *

A la soupe! cria la mère Lecour.

Un coup de vent suivi d'un effroyable coup de tonnerre ouvrit la porte de la cabane.

— A genoux, enfants, dit le père Lecour, la mer va garder cette nuit plus d'un matelot; une prière pour ceux qui ne verront plus la terre.

On s'agenouilla. Après la prière, on se mit à table.

Maintenant, si vous allez à Dieppe et qu'une personne vous offre de la soupe aux poissons... faites-la arrêter !...

Vous êtes prévenu.

VIII

LE VENGEUR

Le théâtre du Châtelet a joué *le Vengeur*.

Le théâtre a ses exigences; la scène oblige à des concessions desquelles la Vérité sort assez singulièrement vêtue.

Permettez-moi donc de vous conter simplement l'histoire du vieux vaisseau :

*
* *

La France, affamée par les luttes gigantesques de notre Révolution, qui obligeaient les citoyens à abandonner la charrue pour prendre le fusil; la France avait envoyé deux bâtiments de guerre, commandés par l'amiral Nielly, pour protéger un convoi de blés venant d'Amérique.

Craignant une attaque, le Comité de salut

public ordonna le départ immédiat d'une flotte de vingt-six vaisseaux de ligne, sous le commandement de l'amiral Villaret-Joyeuse, pour aller au-devant du convoi, dont la venue avait été signalée aux Anglais.

Le rendez-vous est fixé aux îles Coves et Flores.

* * *

Le 29 mai 1794, sous un soleil splendide, la flotte sort du port de Brest. Les flammes tricolores flottent aux mâts, les toiles pendent presque sans brise, les matelots joyeux sifflent des airs patriotiques en exécutant la manœuvre.

A peine en mer, la flotte se trouve en face de l'escadre anglaise, composée de vingt-six vaisseaux et douze frégates, commandée par lord Howe.

* * *

Villaret-Joyeuse hésite; mais le représentant du peuple, Jean-Bon-Saint-André est à bord, obéissant aux ordres du Comité de salut public et aux matelots des équipages qui crient : Mort aux Anglais! Il donne l'ordre de sonner le branle-bas de combat.

* * *

La lutte s'engage...

Le vent trop faible nuit à la manœuvre, et le combat n'a d'autre résultat que de séparer de la flotte le *Révolutionnaire,* vaisseau d'arrière-garde.

La nuit suspend les hostilités.

*
* *

Le combat recommence le lendemain; nous avons déjà l'avantage, lorsqu'un brouillard intense oblige l'amiral Villaret-Joyeuse à faire cesser le feu.

C'en est trop pour les fils de la Révolution; ils passent la nuit à réparer les avaries. Leur sang bout dans leurs veines, la fièvre brûle leur cerveau... Soleil ou brouillard, pluie ou vent, ils veulent le combat.

Mais le combat décisif! Non plus le fer hachant le bois, mais le plond labourant les poitrines, les haches ouvrant les crânes, les couteaux ouvrant les entrailles... Ils veulent corps à corps, œil pour œil, dent pour dent, aller éteindre jusque dans la gorge de l'ennemi le cri de haine qu'il jette à la nation.

*
* *

Le jour vient; les frégates silencieuses s'avancent jusqu'à demi-portée avant d'engager le combat, et là le fer commence son œuvre.

La flotte anglaise, évitant le feu de notre droite par un mouvement oblique, écrase notre gauche de toute la bordée de ses batteries.

Le *Vengeur* est séparé de la flotte; le vaisseau amiral la *Montagne* cherche en vain à lui porter secours; cinq vaisseaux de ligne l'enveloppent, et c'est avec peine qu'il s'échappe et évite leurs grappins.

Le *Vengeur* sait qu'il ne peut plus vaincre!

Il faut se rendre pour être sauvé...

Les matelots du *Vengeur* veulent mourir!

*
* *

Le combat n'est plus... le massacre commence!

Les chaînes rasent les mâts du *Vengeur*, les boulets lui ouvrent les flancs.

— Aux pompes! crie-t-on.

— A l'abordage! répondent les matelots.

Le pont est couvert de débris ; les toiles, déchirées, haillonnées et sanglantes, servent de linceuls aux morts.

Les canons anglais grondent! et l'eau s'engouffre par les plaies du navire.

Le vaisseau va couler... mais le pavillon surnagera... les Anglais le prendront alors?...

Les matelots du *Vengeur* ne veulent laisser que leur souvenir.

Le pavillon tricolore est cloué par eux sur le navire.

*
* *

Les canons anglais grondent toujours ! Le *Vengeur* s'enfonce, la fonte de sa dernière bordée rase les vagues... Les matelots, alors, remontent vite sur le pont... Le vaisseau va sombrer ; les blessés, les mourants se traînent à l'arrière, où sont encore debout, le défi aux lèvres, ceux que le fer a épargnés.

Ils n'ont qu'un mot à dire, et les chaloupes viendront leur porter secours ; mais, fidèles à la nation qu'ils défendent, ils jettent à l'ennemi, — non pas un, — mais trois cris :

— Vive la République ! vive la liberté ! vive la France !

Et le *Vengeur* disparaît avec fracas !

*
* *

L'eau, légèrement rougie, bouillonne un instant... puis la vague reprend son balancement long... et les canons anglais se taisent.

Du vaisseau français, il ne reste rien, rien, qu'un nom glorieux, *le Vengeur !*

IX

VEUVE!...

Depuis huit jours, le vent souffle sur nos côtes; depuis huit jours, la lame fait crier les galets et l'eau gémit en couvrant d'écume le brise-lame.

Il n'y a plus de mer *étale;* l'océan *moutonne* le matin et a du flot le soir!

A chaque marée, les vagues hurlantes jettent des cadavres et des épaves sur le sable.

Les barques partent avant le jour à la pêche; on est quatre et l'on revient trois... quand on revient!

Et à cela que faire?

Rien! rien!

*
* *

Il y a un an qu'à pareille époque, la mer jetait sur le sable une barque vide... Toutes les femmes du Polet étaient accourues avec leur monde de petits enfants...

Pauvres bambins! ils couraient pieds nus, accrochés aux jupons de leurs mères, criant et pleurant, parce qu'ils les voyaient crier et pleurer.

Les pauvres femmes! sitôt qu'elles voyaient la barque, elles souriaient en disant, dans un gros soupir :

— C'est pas la sienne!

Il en arriva une, plus belle et plus pâle que les autres; elle venait derrière, parce qu'entre ses bras elle portait un enfant pleurant, parce que trois autres petits se cramponnaient à ses jupons, parce que toute la marmaille criait, en la suivant :

— Papa! papa!

Quand elle vit la barque, la pauvre femme, elle, se mit à genoux... tout le monde se tut... Les autres femmes emmenèrent les petits enfants, qui, ne comprenant pas, allèrent jouer ensemble.

Les vieux du port se découvrirent, et quand la veuve se releva, le front pâle, les yeux secs, écartant ses cheveux pour mieux voir l'horizon gris... pour mieux jeter à la mer qui lui avait volé son homme un regard de haine, quand elle reprit ses petits pour regagner sa demeure, ils firent semblant de se gratter le front, de se lis ser les cheveux, ou de s'essuyer le nez, pour cacher leurs larmes, se disant tout bas :

— Pauvre veuve à Pierre!

*
* *

La barque a été traînée sur le port, près du grand crucifix, et, comme la mer avare n'a jamais rendu le corps de Pierre le matelot, depuis un an, chaque matin, la veuve et ses petits sont venus s'agenouiller devant ce cercueil vide pour demander à Dieu le repos du pauvre pêcheur.

*
* *

Hier, Benoît le matelot, qui faisait toujours en moitié la pêche avec Pierre, — son compagnon, son ami, — est venu frapper à la porte de la veuve.

Il était tard déjà.

La mer faisait un tapage d'enfer, les galets roulaient sur la grève, le vent chantait la grande chanson du désespoir, l'orage menaçait.

Lui, le matelot, il avait mis son pantalon de drap bleu, son bourgeron neuf et son chapeau de cuir bouilli.

Par saint Jean, son patron ! il s'était fait raser la barbe... et tailler les cheveux !...

Il avait fourré tant de choses dans les poches

de son bourgeron, qu'on l'eût pris pour un bossu.

Il poussa la porte de la veuve et entra.

*
* *

Il eut froid jusqu'aux os, en regardant la cabine de la veuve.

La grande chambre était toute tendue de filets noirs ; la haute cheminée, par sa bouche béante, jetait le vent d'hiver au lieu de jeter la chaleur...

La veuve et ses petits étaient assis autour d'une longue table... Le dîner de la famille était là : un pain noir et quelques poissons grillés...

Benoît eut froid !

*
* *

Il s'enhardit cependant et dit :

— Mame Pierre.

— Benoît !

— Savez-vous ?... Je viens vous demander à souper.

La veuve ne répondit pas.

— Mame Pierre, j'ai fait un échange avec le poissonnier du quai Henri IV ; j'y ai donné ma pêche pour quelques gourmandises.

Benoît sortit de ses poches obèses des victuailles à en couvrir la table.

Les enfants étendirent leurs petites mains

potelées et crièrent joyeusement en souriant au matelot.

— Je sais bien qu'il n'y en a pas besoin... mais c'est pour les petiots, fit-il tout honteux de voir dans les yeux de la veuve qu'elle l'avait compris

Pour cacher ce qu'il éprouvait, il embrassa un à un les moutards.

Enfin, passant sa manche sur son nez, il dit :

— Allons ! à table, z'enfants !

*
* *

On se mit à table... Benoît ne mangea pas... La veuve lui souriait... Mais les enfants mangeaient, mangeaient... et riaient, donc ! Pauvres petits !

Plus Benoît regardait la chambre, plus il devenait triste, et tout bas, à lui-même, il se disait :

— Oh ! Pierre ! mon vieux Pierre ! quelle misère dans ta cabine !... Espère ! espère ! on chassera la famine de chez ta veuve et tes petits !

*
* *

Le matelot se gratta le front et causa encore tout seul ; puis, se levant, il vint se placer devant la veuve, qui dirigea vers lui l'éclair de ses grands yeux humides...

Benoît lui prit la main et dit :

— Mame Pierre, je veux quitter la marine, j'en ai assez, j'ai des économies ; la mer, ça m'ennuie... et puis chaque fois que je suis au large... c'est plus fort que moi... je pense à notre cher Pierre... et... ça me fait... peur !

— Pauvre Benoît ! fit la veuve en pleurant.

— Oui ! je sais bien ; il y a juste un an aujourd'hui, quoi... Par ce temps-là, un temps de voleur, avec une lune en zinc, un ciel de cirage et un vent qui pleure... Pauvre Pierre !... Mais parlons pas de ça...

— Si !

— Non ! mame Pierre ; je veux quitter la marine, que je vous dis... Seulement, ça m'embêterait de vivre seul, comme un grand serin, sans mon ami, sans famille, sans... personne, quoi... Je veux me marier !...

— Benoît, notre Seigneur le bon Dieu vous donnera une femme digne de vous !

— Espère ! espère ! Vous savez, moi... c'est que je suis difficile ? Je voudrais une femme, là !... une vraie, vous savez, une bonne mère... une femme qui ait un cœur...

— Une belle jeunesse qui vous aime comme vous le méritez.

*
* *

Il y eut quelques minutes de silence.

— Oui!

— Une jeune fille bien honnête, bien sage...

— Oui! oui! une jeune fille qui serait... mais j'aimerais mieux... et Benoît balbutia : ça serait une veuve... avec de la famille... une veuve qui... que... comme vous... là, c'est pas pour dire!

La veuve regarda Benoît un instant; leurs yeux s'emplirent de larmes...

Il y eut un silence...

Le matelot, les yeux baissés, roulait son chapeau dans ses gros doigts... la veuve regardait le brave garçon comme les enfants regardent les saints... puis, elle pencha sa tête sur l'épaule du matelot, et confuse, heureuse, elle lui dit dans un sanglot :

— Oui, j'accepte votre main; oui, car vous êtes un brave homme! et mon Pierre là-haut vous dit merci; merci, Benoît.

*
* *

En voyant pleurer la mère, tous les petits s'étaient avancés.

Le matelot fit semblant de rire d'abord pour

cacher ses larmes; puis n'étant plus maître de son émotion, il dit :

— Voyons! voyons! mame Pierre, pleurez donc pas, c'est des bêtises!... Eh! les enfants; allons, venez ici, bambins! et appelez-moi votre père!

Puis embrassant les petits qui criaient :

— Papa Benoît!

Benoît se dit à lui-même :

— Dors tranquille, mon vieux Pierre! Espère! espère! il y aura du biscuit dans ta cabine... On va chasser la famine de chez ta veuve et *tes petits*.

X

A MADAME LA MARIÉE

Parce que les arbres s'habillent à neuf, parce que les grains enterrés crèvent leurs écorces, pour montrer leur nez vert; parce que ce petit tout nu de printemps fait toc-toc sur toutes les poitrines; la jeunesse envahit les mairies.

Le carême n'y fait rien.

Les écharpes municipales sont en haillons, le code est plus déchiré que les contrats qu'il aide à faire.

Maires, adjoints, sous-adjoints ne mangent plus, ne dorment plus... C'est une épidémie.

Tout le monde se marie.

*
* *

Se marier, c'est si simple:

Sur sa route, une jeune fille rencontre un

beau garçon, les yeux se parlent, les mains se touchent, les parents sourient... Et allez donc, monsieur le notaire! et allez donc, monsieur le maire! et allez donc, monsieur le curé!

La chose est faite. On s'aime, on s'aimera, et pour la vie.

C'est juré!

***

Mademoiselle... vous qui, les yeux à demi baissé, laissez glisser dans vos blonds cheveux quelques fleurs d'oranger... vous que la sainte mousseline envoloppe, et dont un voile virginal dissimule la timide rougeur, vous que l'écharpe municipale attend... qui, tout à l'heure, allez dire le mot terrible et charmant :

Oui!

Mademoiselle, voulez-vous me permettre de vous réciter un conte?

Je commence :

Ils s'étaient connus tout jeunes, *Elle* et *Lui*...

D'abord ennemis et méchants, comme le sont l'un pour l'autre les enfants qui s'aiment.

Ensuite, timides et froids, parce qu'ils sentaient en eux un sentiment qu'ils voulaient se cacher.

Enfin, dix-huit et vingt ans, le printemps, des arbres, de l'ombre, la solitude... les mains se prennent, les regards se croisent, et, conduits par les grands parents, *Elle* et *Lui* sortent de chez M. le maire pour aller chez M. le curé.

*
* *

Comme ils s'adoraient, ils avaient voulu se faire un nid digne d'eux.

Une belle chambre, bleue comme leur avenir, avec un grand lit capitonné, enveloppé de rideaux discrets.

Lui, il avait dit :

— Nous quitterons la chambre, mais les meubles, jamais !

Elle avait ajouté :

— Ils nous ont vus nous unir, ils nous verront mourir.

— Ensemble ! n'est-ce pas ?

— Oh ! oui !... et les lèvres se l'étaient juré.

Le lit capitonné était neuf, et, comme le bois jouait, il avait grincé.

*
* *

Trois mois l'amour chanta dans l'alcôve sacrée, puis la maladie vint à son tour.

C'est *Lui* qu'elle prit et qu'elle cloua sur le lit capitonné.

Trois mois *Elle* resta, nuit et jour veillant, se

multipliant, défendant son époux aimé contre la mort.

Mais comme la mort est aveugle, elle ne vit ni son teint livide, ni ses yeux mouillés.

Elle ne vit ni le passé ni l'*avenir*.

La mort voulait quelqu'un, elle *le* prit.

Affolée, perdue, ne pensant pas à l'*avenir*. *Elle* ne voulait plus quitter la chambre où *il* avait rendu le dernier soupir.

Elle se plaisait, dans le lit où son corps s'était refroidi, à rêver de celui que la mort lui avait volé.

Pendant quelques semaines, son souvenir fidèle revint chaque nuit dans l'alcôve...

Pendant quelques mois, il y revint quelques fois...

Puis, un jour, comme les rideaux étaient tristes — le bleu se fane vite... on ne se figure pas comme le bleu se fane vite — *Elle* fit recouvrir le lit.

***

Il fallait *la* distraire du souvenir qu'elle n'avait plus, la famille s'arrangea de façon à *la* faire valser avec un jeune homme fort bien et dans une très bonne position...

Elle trouva le jeune homme très gentil.

Mais elle rit beaucoup de l'idée de sa famille qui voulait la remarier.

Ce qui était complètement ridicule, n'est-ce pas? Elle avait trop aimé son cher mari, et...

Quatorze mois après que *Lui* était mort, au bras du jeune homme qui était dans une très bonne position, *Elle* redit devant la même écharpe :

— Oui!...

*
* *

C'était véritablement un homme très comme il faut qu'elle avait épousé... et elle était heureuse... mais heureuse...

Lorsqu'une nuit, s'éveillant en sursaut pour échapper à un cauchemar, elle crut que le lit gémissait.

Elle alluma vite sa bougie.

Alors, à la lueur vacillante de la cire, il lui sembla que son lit était redevenu bleu...

Elle eut un frisson... et se pencha pour éveiller son *mari*... mais elle recula épouvantée, les yeux hagards.

L'homme qui était auprès d'*Elle*, c'était *Lui*... *Lui*, le premier... Celui auquel elle avait dit :

— Il nous a vus nous unir, il nous verra mourir!

Elle voulut crier; la voix mourut dans sa gorge.

*
* *

Il lui sembla que la bougie s'éteignait, que les rideaux de l'alcôve prenaient une forme humaine, que le lit, devenu cercueil, se serrait sur elle.

Elle fit un effort surhumain, et, bondissant de son lit, elle cria...

*
* *

Son mari se leva inquiet; il lui demanda la cause de ses cris.

— Il est là, répondit-elle en montrant le lit.

— Là! qui?

— *Lui!* Lui!...

Le mari, croyant à un cauchemar et voulant le faire cesser, lui dit :

— Où est-il?

Sur son indication, il alla se mettre à la place de la vision... puis, souriant, il revint vers *Elle*.

Mais *Elle*, reculant, haletante, les yeux presque sortis de l'orbite, la bouche convulsive et les bras fiévreux et suppliants, elle râla :

— Pardon! pardon!

Quand son mari fut près de l'atteindre, elle bondit et tomba sur le lit.

Le pauvre homme, épouvanté, cria : « Au secours ! »

On vint... il était trop tard.

*
* *

Vous savez, mesdemoiselles, vous qui, les yeux baissés, laissez glisser dans vos blonds cheveux quelques fleurs d'oranger, vous dont un voile virginal dissimule la timide rougeur...

Ceci n'est point un conte, c'est une histoire.

Je l'écris ce soir, — il est huit heures, — et je viens de *la* conduire au cimetière.

XI

LE SERMENT DU PÈRE ANDRÉ

Un soir, le père André démarra son bateau, — petit cotre de pêche; son fils était avec lui. Ils avaient embarqué les agrès et les engins de pêche; d'un coup de gaffe appliqué d'une épaule solide, le bateau chassa du bassin, et s'en alla danser comme un bouchon sur la mer moutonneuse.

Ce soir-là les mouettes criaient à déchirer le tympan, le vent sifflait par rafales et tortillait la girouette du phare; les gros nuages noirs couraient se perdre dans l'horizon rougissant.

Ah! ce n'est pas gai de sortir, par ces temps-là; mais, bah! le père André se dit :

— Espère, espère, bon temps de pêche... la grosse grondeuse ne mangera pas ses enfants, par-devant les cinq heures... Pendant qu'elle met le couvert, profitons ben vite... nous serons rentrés avant la danse... Espère! espère!

Le père André devait avoir raison; car c'était un fin matelot qui connaissait le temps, bien mieux que l'Observatoire de Paris, comme il disait. A son compte, l'orage n'était de *quart* que pour les deux heures du matin... et à minuit il voulait être rentré.

Et, de fait, couvert de ses toiles brunes, le mât recourbé, le cotre filait sur la mer en faisant craquer les clains de ses bordages... Les vagues rugissaient autour du bateau. Mais, bah! tranquillement pelotonné sur le faux pont de l'avant, le père André démêlait les drisses de ses filets.

— Père, cria tout à coup le petiot, regarde donc au *nono-êt* (lisez nord-nord-ouest), et sa main montra l'horizon, où roulaient en tourbillonnant de grosses nuées rouges.

— Tonnerre! vermine de chien! hurla le père André, nous sommes perdus...

La mer ne moutonne plus, les vagues se sont allongées, l'avant du bateau heurte des montagnes d'eau et d'écume... L'heure est venue d'engager la grande lutte de la mort!... Ils l'ont bien vu, les deux gars!... Et cependant, ni l'homme, ni l'enfant n'ont pâli... ni l'homme, ni l'enfant n'ont dit:

— Garde à nous!

Ils travaillent, simples et calmes!... C'est que pour eux la mort est une vieille connaissance.

— Carcasse de chien!... quel carabinage!...

Petit, amène tout... v'là le grain... le foc en bas.... coupe, coupe!

Le coutelas travaille et la toile du foc tombe haillonnée et limoneuse sur l'avant du cotre... le mât se tortille comme un jonc... le beaupré se brise entraîné par le foc qui va tournoyer au-dessus des vagues comme un ballon crevé... la beaume joue dans sa douille, menaçant de briser la tête au père et au fils.

— Chien galeux!... Vent de vermine!... à nous, le petiot!... de la hache là... le mât à l'eau!... vite!

Le petiot s'est dressé brave, superbe, insouciant des sauts du cotre, qui menace de le jeter dans le gouffre... Il s'équilibre sur le faux pont et, s'accrochant d'une main aux cabillots des haubans, sa hache jette le mât à la mer hurlante. Le gourvernail a brisé ses gonds, il flotte avec les épaves... Un coup de mer, et mât, beaupré et gouvernail peuvent revenir avec la lame ouvrir le crâne des malheureux... Qu'importe!... ils luttent, les braves! ils luttent toujours!...

L'heure est venue cependant où, fatigués, impuissants à soutenir l'inégal combat... ils regardent anxieux cette masse noire au-dessus de laquelle est le seul secours: Dieu!

Dieu! le secours suprême de ceux qui n'en peuvent plus avoir.

La main caleuse du père a saisi le bras de

son petiot... il le pousse à genoux et s'agenouille lui-même; la bouche du pêcheur n'a plus de blasphème.

Le père André a peur!

Oh! pas pour lui, pauvre vieux!... La mort, il s'en moque comme de sa chique... C'est pour la mère! c'est pour le petit!

Pauvre mère! pauvre petit!

« Bon Dieu de la mer, bon Dieu de cheux nous, Seigneur, sauvez le petit... Si vous le sauvez, si vous le sauvez, notre bon Bieu, sitôt à terre, sur la vie du gars, je le jure, sans dormir, nous irons porter au tronc qu'est sous les pieds de votre fils, à Arc, dans la chapelle, deux louis... deux vrais louis d'or... Seigneur mon Dieu, sauvez le petit, nous irons et pieds nus... sur les pierres... Oh! c'est pas pour moi, mon Seigneur Dieu... c'est pour eux... pour le petit et sa mère! »

Et les pauvrets font le signe de la croix.

La mer tortille de ses vagues les clains du bateau... Les lames arrivent immenses... Flots ou foudre, tout gémit, éclate, crie, hurle autour d'eux... Le père serre son fils entre ses bras nerveux... sa bouche se rive aux lèvres de son enfant comme s'il voulait lui jeter dans la poitrine tout l'air de ses poumons.

La mer lance le cotre jusque dans le noir de l'air, le père voit tout perdu!... Dieu ne veut pas sauver le petit... Le vieux pêcheur a la bouche pleine de blasphèmes.

Le bateau retombe éventré sur le galet... et les deux malheureux vont rouler sur les roches, meurtris, déchirés, sanglants... mais sauvés!

Ah! comme ils s'embrassent... et quelles bonnes prières ils envoient jusqu'à Dieu!

On est matelot, on est chrétien... très bien!... mais on n'en est pas moins Normand!... et puis, il est bien fatigué, le pauvre vieux... il se dit :

— Le batiau crevé, les os cassés, pas un poisson!... ça me coûte bien assez cher comme ça!... et puis deux louis, quoi que ça y fait, au bon Dieu?... Petiot, couche-toi là.

Le père André se couche près du petit et s'endort, en pensant qu'il vaut bien mieux garder la somme, puisqu'il est encore vivant.

L'orage gronde toujours... mais les pauvres gueux sont habitués à dormir malgré le bruit.

Ils s'endorment.

Au matin, sous un ciel gris comme une peau de souris, le vieux s'éveille grelottant... Il a du froid jusque dans sa vareuse.

— Eh! petiot!... lève-toi donc, faignant!!!... Eh bien? et pour quand, marmotte?... et il pousse du pied le petit qui dort toujours.

Il se baisse, sa main saisit le bras du pauvret et le secoue.

— Ah ça! mousson, faut-il la garcette?

Mais le corps glacé resta roide... La foudre avait tué l'enfant.

C'est le lendemain seulement que le père André se souvint qu'il avait manqué à son serment.

XII

LE SECRET DE JACQUES

Il fait nuit, il fait froid, quand je quitte Paris; c'est à l'heure où les petits enfants grimpent sur le lit paternel pour débiter l'éternel compliment qu'on apprend à leurs têtes sans rien dire à leurs jeunes cœurs; c'est l'heure où les Judas dissimulent dans la buée de leur haleine la fausseté de leur baiser de jour de l'an. Le jour de l'an... quelle peste!

***

Moi, j'ai mon fusil, mes cartouches... les perdrix des plaines et les lièvres des bois, de Gamaches à Tréport, n'ont qu'à se bien tenir, c'est avec du plomb que je leur enverrai mon baiser du nouvel an.

Les arbres se courbent et font la révérence, les nuages roulent éperdus dans le ciel gris et plombé, les maisons titubent sur leurs assises !... Qu'est-ce donc? Rien! C'est l'express qui passe.

*
* *

Le compaing qui me guide, me dit :

— Vous verrez Gamaches, mon cher!... un monde à découvrir... des pompiers, des vrais, avec des blouses, des sabots et des casques, de vrais casques!... Vous entendrez l'orphéon; mon beau-frère en est... On répète sur le marché aux bestiaux. Comme les orphéonistes crient plus fort que les hôtes habituels du marché, ils espèrent obtenir une médaille de la ville... Vous verrez ça... C'est splendide!

— Et notre chasse?...

— Notre chasse, c'est pour demain, je vous ferai connaître Jacques... vous verrez ce type-là... c'est pas un homme, c'est une éponge; il boit toujours! Ce qu'il prend en vin, il le rend en eau... dès qu'il est gris, il pleure...

— Abbeville! Abbeville!

Nous descendons! Le beau-frère, Lisa et la voiture sont là.

On s'embrasse, et : hue, Lisa!

Trois heures à travers la plaine, par un vent sibérien... vous voyez la couleur de mon nez.

— Gamaches!... Enfin.

*
* *

Oh! la jolie salle, l'immense cheminée, la bonne flambée et le superbe dîner qui fume sur la table!... Vive Gamaches! où sont les pompiers, que j'embrasse le casque du sergent; où est le beau-frère, que j'embrasse l'orphéon? les noces de l'autre Gamaches sont enfoncées depuis ce dîner-là.

Onze heures... crédié! les fusils? les cartouches? les guêtres, les blouses? les bottes?

Tout est là! bien!

Au chenil les chiens, et demain, à l'aube, tout le monde debout.

Les baisers sonnent fraternellement le coucher dans la grande salle parfumée; Pomme-d'apis a préparé les lits; bonsoir!

L'orphéon de Gamaches est enfoncé, les hôtes chantent la vieille chanson du sommeil: Orooo, orooo, orooo (ceci étant une onomatopée, le lecteur est prié de faire lui-même l'imitation).

*
* *

Il est sept heures lorsque j'ouvre l'œil, le vieux transi d'Hiver a tout constellé mes vitres de son haleine glacée... pas moyen d'y voir!

— Hein! qu'est-ce que c'est? Mort de ma vie? de la neige!... Salagnad, il neige!

— Eh bien, après ! nous pincerons plus facilement les perdrix.

— C'est-à-dire que nous pincerons plus facilement un procès-verbal !

— Bah ! c'est l'affaire de Jacques.

— Allons-y, alors.

En deux temps, nous sommes guêtrés, bouclés et armés ; en route. Nous arrivons ; la demeure de Jacques est éclairée... Toc ! toc ! c'est lui qui vient nous ouvrir.

C'est un grand gaillard, solidement bâti, cheveux blonds et courts qui font l'étoile sur un front large et fuyant ; nez droit, pur de ligne, un peu rougi, là où la chair s'arrondit sur le cartilage ; bouche épaisse, toujours demi-ouverte ; œil bleu à fleur de tête : ensemble heureux enfin. Et pourtant, dès que la pensée s'arrête sur ce visage, elle découvre un regard atone, un sourire contraint creusé dans la chair amollie et livide.

*
* *

La chambre est belle d'allure... Les meubles en chêne noirci se confondent presque avec la muraille enfumée, la cheminée à crémaillère est bourrée de tiges de chanvre que la flamme embrase en promenant ses lueurs tourmentées sur le plafond zébré de solives. Quatre ou cinq fusils jettent l'éclair de leur acier au travers de la chambre sombre. Les faïences à coq bleu et les verres du dressoir semblent danser sous les yeux de lumière du foyer, la bouilloire chante et se dérobe dans les cendres, les chiens grognent en se brûlant les pattes dans les braises... et, ça et là, une flamme s'échappant du foyer éclaire dans son lit une belle enfant de huit ans, pâle et fraîche comme une rose de mai : la fille de Jacques !

*
* *

Près de la cheminée, la table sur laquelle scintille un verre tout plein jusqu'aux bords d'un petit vin de pays... C'est la chapelle où Jacques fait sa prière du matin... il adore Dieu dans son œuvre.

— Qu'est-ce qui vous amène?

— Ce qui nous amène?... et nous montrons nos fusils.

— Ah! Parisiens, va ! par ce temps-là!

— Nous payerons l'amende si nous sommes pincés.

— C'est pas tout ça... Si la neige cesse, oui! mais à c'te heure, pas moyen.

Jacques va lorgner le ciel par la porte entr'ouverte.

— Y en a pour deux heures, mes fils! Holà, l'beurre! Allons, monsieur Salagnad, collez-vous en arrêt devant ce cruchon; j'entame un fût à ce matin... Vous, monsieur, voilà un siège, voici un verre... les amis des amis sont mes amis... Vous êtes chez vous ; goûtez-moi ça !

Et notre hôte, après avoir rempli les verres, prend le sien, qu'il englobe de ses mains pendant quelques minutes afin de l'*atiédir;* il le soulève, cligne de l'œil en se mirant dans sa *blondeur* diaphane, le redescend lentement jusqu'à son nez dont les marines se dilatent au parfum de la dive liqueur... Après le nez, les lèvres ; puis l'absorption, où le vin, soulevé par la langue, caresse trois fois le palais, et roule en crépitant son filet velouté jusque dans la gorge ; enfin, la tête penchée en arrière et les yeux béats, Jacques fait claquer sa langue comme pour s'écrier : C'est fait !

*
* *

Cinq fois, en moins de dix minutes, cette scène se renouvelle, le paysan se lève, il va jusqu'au lit où l'enfant dort, la contemple quelques instants, puis revenant à la table il s'accoude, et à travers les doigts qui couvrent ses yeux, quelques larmes s'échappent pendant qu'il cherche en vain à comprimer le sanglot qui lui gronde dans la gorge.

— Allons, Jacques... levez-vous, il ne faut plus boire !

— Plus boire!... plus boire!... — Et se dressant les yeux rougis de larme et de fièvre, — je ne bois pas, je ne suis pas un ivrogne?... Je veux être ivrogne, moi!... Au fait, vous n'êtes pas du pays, vous!... eh ben! moi, je suis un gueux... je bats ma femme... ma femme Jeanne... je bats mon enfant, je suis un mauvais père, quoi? un ivrogne, pardi!

*
* *

Quand j'étais un beau gars... un soir ousque j'avais pas mal bu au cabaret, que j'avais mes poches bourrées de friandises pour ma femme et pour ma fille, je revenais content, heureux, je chantais sur la route que les corbeaux et les pies s'en ensauvaient en m'entendant; il faisait une nuit noire, mais, bah! je savais trouver tout de même les roses de haies que ma Jeanne aime tant... J'en cueillais, j'en cueillais, que mes mains étaient ensanglantées par les épines... Plus j'arrivais, plus je passais ma langue sur mes lèvres brûlantes de désirs. A cent pas de chez nous, je vois de la lumière: pauvre chère femme, elle m'attend, inquiète, en se disant: « Bon Dieu, Seigneur, faites qu'il ne soit pas arrivé malheur à mon pauvre homme!... » Moi, je me souviens que le matin j'ai collé une feuille de papier pour remplacer un carreau, il me vient une idée! J'avance, et v'lan, je crève le papier en passant mon bras avec le bouquet! j'entends deux cris... ma porte s'ouvre, et un homme... un homme se sauve de chez moi!!!

*
* *

Jeanne veut me faire des contes... ah! malheur! furieux, fou, holà l'beurre... je la jette à mes pieds... Elle était là, suppliante, échevelée; la petite qui s'était levée au bruit se cramponnait après mes guêtres... Pauvre petiote, elle voulait défendre sa mère, moi, j'étais fou... fou, je ne voyais plus rien, j'avais saisi ma hache et j'allais lui ouvrir le crâne! On accourut...

— Jacques... malheureux... ta femme... ta fille... Mais qu'as-tu? qu'as-tu, malheureux?

Je pouvais pourtant pas dire ma honte!

Les sanglots déchirent la gorge du pauvre diable, et il arrache le col qui lui étrangle le cou.

*
* *

— A boire, monsieur Salagnad..., à boire..., je suis un mauvais père, un mauvais mari... puisque je suis un ivrogne.

Et il vide le cruchon d'un trait.

— Le matin, quand je m'éveille, je cours près le lit de la petite, et je reste là une heure, deux heures, les yeux rivés sur sa petite bouche fraîche, sur ses cheveux blonds, sur ses yeux bleus à demi ouverts... et je me dis : A-t-elle quelque chose de moi?... est-elle, est-elle ma fille? Alors je brûle de fièvre, mes tempes se gonflent comme des cordes, mon cerveau bout, et comme elle est toujours bêtement souriante devant la rage qui me ronge, j'ai des envies de prendre son cou blanc dans mes mains caleuses, de briser un à un ses petits membres roses, et d'aller coucher là-haut son cadavre à côté de la mère qui dort en rêvant de *lui* peut-être... de *lui*, le père de ma fille! Credieu! ne retirez pas le vin!... puisque je suis un ivrogne!... Vous ne savez donc pas, bêtas, que, quand j'ai bu, je crois que c'est pas arrivé... Je crois à la vertu de ma femme! Ah! ah! ah! Glouglou, glouglou... glou...

Le filet de vin blond roule dans la gorge et éteint le rire.

*
* *

Jacques laisse échapper le cruchon qui se brise avec fracas, une voix de femme crie d'en haut.

— Te tairas-tu, ivrogne!... Si tu bois, laisse les autres dormir!

Le malheureux ne répond pas; abattu, courbé, affaissé sur son siège, il a oublié notre présence, ses yeux ne quittent pas le foyer qui, ne jetant plus de flamme, n'éclaire que faiblement la chambre de la lueur de ses dernières braises... Les chiens ronflent; nous cherchons un moyen de nous esquiver sans bruit; Jacques continue comme à lui-même :

— Après tout, qu'elle soit sa fille, qu'elle soit la mienne! je l'aime, la petiote, c'est pas elle qui est fautive... Je ne veux pas, quand je n'y serai plus, qu'un vaurien lui fasse du mal en glosant sur ses parents... pas de ça, holà d'beurre!... On dira : Jacques était un ivrogne! Eh bien! après?... C'était-y un mauvais garçon? non, n'est-ce pas?... il aimait boire, v'là tout! Qui leur dira pourquoi? Personne. Comme ça, on ne méprisera pas la petite... Oh! non, non, car on ne saura pas ce que fut la mère!

Il boit une gorgée de vin et se lève titubant :

— Eh bien, oui, je suis soûl! J'ai bien le droit de boire, puisque j'ai une femme qui m'aime, et qui m'a donné une fille, une fille à moi... à moi, à moi!

Et il marche sur les pattes des chiens qui hurlent... puis, s'accrochant au mur, il va jusqu'au fauteuil, où il tombe anéanti.

. . . .

*
* *

Le surlendemain je continuai mon voyage. A

Douai, je lus dans un journal de la Somme le dénouement de cette histoire; le voici :

« Encore une victime de la neige :

« Hier, un homme a été trouvé mort sur la route de Gamaches à Eu. Cet homme, que l'on a reconnu pour un nommé Jacques D..., avait la déplorable habitude de se livrer à la boisson. Sans doute égaré et se fiant à la chaleur factice de l'ivresse, il s'était endormi pour attendre le jour et la mort a suivi le sommeil.

« Le malheureux laisse une veuve et une enfant de huit ans. »

XIII

L'HOMME A LA JEANNE

La cloche des morts a sonné trois fois!... il faut qu'elle sonne encore.

Lecteur, c'est pour un homme!

— Qui?

— Devinez.

C'était, à ses débuts, un crâne et beau gaillard que Claude, solidement bâti : la tête du Christ sur le corps d'Hercule.

Quand il commença à sténographier les chants de son cerveau, il était déjà lettré comme un Chinois; aussi, promenait-il insoucieusement sa pensée dans les cafés et les estaminets littéraires, simple soldat du régiment des boulevardiers, que le R. P. Veuillot a eu intention de peindre.

Saint Veuillot, êtes-vous bien sûr de peindre

avec un pinceau? n'avez-vous pas plutôt en main l'hypocrite goupillon tout trempé de l'eau maudite du ruisseau?

Claude était boulevardier, il gagnait dans les petits journaux le pain qu'il frottait d'espérance.

C'est en boulevardant qu'il connut Jeanne, Jeanne, cette blonde superbe à qui l'on doit tant de mots... de maux, devrais-je dire.

Claude allait quelquefois le jour dans la voiture de Jeanne; le soir il allait dans sa loge.

Les boulevardiers balancèrent les ressources de Claude avec les dépenses de Jeanne.

La balance amena le mépris!... et cependant!!!

Jeanne aimait les promenades à Meudon, les dîners sans façon... où l'on mange des fraises en novembre... et, pour lui plaire, Claude fouillait son cerveau et violait sa pensée.

Sa plume fiévreuse courait sur le papier, il ne faisait plus une œuvre, il faisait de la copie!...

Il voulait tout l'amour de Jeanne, il le payait de son avenir.

Claude passait les jours et les nuits à l'œuvre, son talent se dilapidait en lignes insignifiantes.

Ses longs cheveux encadrèrent une tête pâle et maigrie; Jeanne, comme la goule du conte, buvait jusque dans sa poitrine la vie du poète.

Il s'épuisait, mais il emplissait les grandes poches de son amoureuse!...

Aussi, la petite Jeanne se promenait au bois, éblouissante et ensoleillée des premiers rayons d'hiver, pendant que, les yeux rouges, les joues creuses et pâles, il pressait son front, espérant vainement en faire jaillir une nouvelle pensée. Mais son cerveau déchiré ne répondait plus, l'inspiration était morte... Il croyait écrire encore avec son âme, il n'écrivait qu'avec la fièvre.

Une toux mortelle déchirait sa poitrine, la mort grimaçait son sourire sur ses lèvres pâles... La Jeanne faisait éclater dans la chambre le rire joyeux de ses vingt ans. Elle se penchait sur lui, caressant son cou avec les mèches blondes de ses cheveux, ses lèvres se rivaient amoureusement aux siennes... Alors, les grands yeux de Claude se fermaient à demi, et il rêvait du bonheur de vivre en appuyant sa tête sur la poitrine de Jeanne... La poitrine de Jeanne, c'est-à-dire une autre boîte de Pandore.

Quand Jeanne entendit dire que Claude mourait d'*elle*, elle tressaillit d'aise, son amour devint presque véritable, et après lui avoir épuisé le cœur et le cerveau, elle lui arracha l'âme... elle voulut tout, tout... Claude se soutenait à peine; épuisé, vaincu, titubant, ivre d'amour, las de travail, mourant de volupté, il rêvait, il n'existait plus.

Il y a cinq jours à peine... il revenait de promener ses rêves sous le squelette des arbres du Bois... son corps frissonnait sous ses habits humides de bruine et du contact des feuilles jaunies et mouillées que fait tomber novembre. Ses chaussures boueuses maculaient les tapis, il se déchaussa avant d'entrer au salon... puis le traversant tout grelottant, il poussa sans bruit la porte de la chambre à coucher de Jeanne.

Oh! les bons baisers que ceux qui chantent dans la chambre le réveil de la femme aimée. Oh! le bon baiser qu'il allait donner à sa Jeanne... Il entra.

Jeanne était là!... Mais Claude recula épouvanté... un autre homme la pressait dans ses bras et buvait l'amour jusque sur ses lèvres!...

Jour de Dieu!

Pauvre poète, il allait tomber... il s'accota au mur, là où les moulures formaient la croix. Il s'appuya d'une main au chiffonnier, de l'autre au dossier d'un fauteuil, sa tête retomba alourdie sur son épaule, sa poitrine exhala un long soupir et une mousse rougie vint border ses lèvres.

L'homme s'enfuit... Jeanne tomba à genoux. Madeleine aux pieds du Christ mort!

Hier, nous avons enterré Claude... le soir, Jeanne dansait chez mademoiselle X...

Ce matin, le marbrier a placé la croix. Voici ce qu'elle dit :

L'homme à la Jeanne...

Eh bien, le connaissez-vous?

XIV

L'OURAGAN

Pelotonnés dans votre robe de chambre, les pieds sur les chenets, ou assis près du poêle, les coudes sur la table, vous lisez votre journal.

Et c'est d'un œil indifférent que vous passerez sur cette phrase :

« Un ouragan terrible règne en mer ; on craint des sinistres au large. »

Savez-vous ce qu'elle cache, cette phrase?

Une histoire, entre mille! lisez-la :

Au point du jour, le cotre l'*Amélie* a quitté le grand bassin de Dieppe; il a cinq hommes d'équipage et un mousse.

Sitôt qu'il a été en mer, il a dansé comme un bouchon : il avait bonne brise; il a d'abord hissé sa brigantine et son foc pour serrer la côte le long des falaises; là, ayant vent arrière, on a laissé flotter le foc, on a hissé la fortune et le tape-cul, et aïe donc!

Les toiles goudronnées se sont étendues tout de grand, et le petit cotre n'est plus devenu qu'un point noir sur l'horizon.

D'abord, les matelots chantaient en démêlant les filets. Sitôt que la brise a un peu donné, le capitaine Jean-Marie a crié :

— Oh! z'enfants! affale et laisse filer!

Et les filets ont été jetés, ne laissant flotter que leurs bouées de liège.

— Capitaine, a dit un matelot, v'là qu'ça donne de l'est; nous allons danser!

Et la pluie, la petite pluie fine qui gèle les os a commencé... et les rafales ont chassé les vagues sur le cotre...

— Amène les filets! a crié le capitaine.

Les filets ont été amenés et jetés dans la cale du bateau.

— Mousson! ferme tout!

— Capitaine! v'là les lames, elles nous sont sus le travers!

— Tiens bon! z'enfants, nous allons être balayés!

En effet, la lame s'avance puissante, le sommet couvert d'écume; elle déferle contre le cotre, dont les clains crient sous ses efforts.

Le capitaine Jean-Marie est devenu pâle.

La pluie tombe; à l'est, à l'ouest, au sud, au

nord, c'est la mer, la mer toujours..., pas une voile à l'horizon, tout est rentré au port.

Seule, l'*Amélie* lutte contre le flot hurlant.

— Chien de temps!

Tout à coup le vent donne, il siffle dans les haubans, le mât plie d'abord comme un jonc, puis criant, il se brise et tombe avec fracas... défonçant tout un bordage.

— Holà! les enfants! de la hache, à l'eau... ça, ou nous sommes perdus.

Les matelots obéissent.

Ils sont habitués à lire dans le ciel, et tous ils ont compris que l'heure solennelle est venue. Comme le flot balaye à chaque minute le pont de l'*Amélie*, le mousse a été descendu dans la cale.

Le vent augmente, les lames deviennent immenses, et chaque fois qu'il en passe une sur le bateau, les matelots s'accrochent au bordage pour n'être point entraînés.

Une lame avance écumeuse, grondante.

— A nous! crie le capitaine.

La lame passe, on entend un cri.

Ils ne sont plus que quatre hommes sur le pont.

Un de moins!

— Capitaine, c'est Jacques, sauvons-le!

— Silence!

— Il a une femme et des petits...

— Silence!

On se tait, et tout bas les matelots :

— Sainte Vierge d'Arc, si je revois ma Jeanne, je vous donnerai deux cierges de cinq livres chaque.

— Monseigneur Jésus, j'habillerai tout à neuf votre maman à Saint-Jacques.

— Marie, et vous, saint Jacques mon patron...

La lame gronde, le flot passe...

Un de moins!...

Les trois malheureux sont épouvantés.

L'un dit :

— Sauvons-le!

— Silence! crie le capitaine.

On se tait; le bateau seul se plaint, gémissant sous les écrasements du flot...

Les matelots sont accroupis sous la levée du pont.

Seul Jean-Marie est debout, serrant de sa main crispée la barre du gouvernail.

Peu à peu la nuit est venue; tout un jour ils ont lutté.

L'ouragan est fini... et à la marée montante ils vont rentrer au port.

Alors seulement ils se regardent; ils ne se sont pas dit un mot, et cependant ils se sont compris :

Deux de moins?...

Que vont-ils dire aux mères et aux enfants qui tout le jour ont couru sur les galets?

Ils n'ont rien dit, et le capitaine :

— Eh! chien galeux!... nous dirons... nous dirons... qu'il ventait fort!

N'est-ce pas qu'en lisant, après le dîner, dans votre journal :

« On craint des sinistres en mer »,

vous n'aviez pas pensé à ça.

XV

LE PÈRE BINARD

Le père Binard est petit, il a quarante ans; depuis vingt ans qu'il est au pays il a toujours porté le même costume. Une culotte de velours enfoncée dans des guêtres fauves, une blouse bleu eau de savon, à poche sur la poitrine, sanglée aux hanches par une ficelle dans laquelle est passée un mouchoir à grands carreaux. Le père Binard a des cheveux jaunes qu'il taille lui-même; c'est simple comme tout : il enfonce sa casquette sur sa tête, tous les crins qui passent, il les fauche... Ses petits yeux verts sont surmontés d'une touffe de poils roux qu'il appelle *surcis*... Ses joues sont saillantes, sa peau est tannée; comme la bouche est petite, et que les lèvres sont grosses, il semble toujours faire la *beube;* le nez, qui est immense, jouit d'une qualité heureuse pour un braconnier : la pluie fait remonter le rouge au front, la sécheresse transforme l'extrémité du cartilage en fraise appétissante.

*
* *

Lorsque le curé va en tournée, il appelle Binard; si son nez est rouge, il met des bas de soie; s'il est pâle, il prend son parapluie.

Tout cela n'exclut pas une certaine coquetterie : il laisse pousser juste au-dessous de chacune de ses narines un petit bouquet de poils, qu'à trois pas on prendrait pour un haricot rouge.

*
* *

Le père Binard s'est marié trois fois. — Il a la prétention d'être aimé pour lui-même : — Sa dernière femme, la seule que j'aie connue, a vingt ans..., elle est brune, rose, fraîche, vive, gaie..., un petit *démon d'ange* en jupons!

Vous connaissez mon personnage, en route.

*
* *

— Toc, toc!

— Hein, qu'est-ce qu'est là?

— C'est Binard!... bas du lit, là! quatre heures sonnent.

— J'y suis!

En dix minutes, je suis prêt... et armé.

— Qué que c'est que ça?...

— Ça! c'est mon fusil et ma cartouchière!

— Et vous allez partir avec ça... alors collez-vous dans le dos un écriteau :

« Bon pour la gendarmerie? »

— Mais comment chasserons-nous... sans armes?

— Aie pas peur, jeune homme, ça vous regarde pas... C'est moi que je vous mène... posez-moi toute c'te boutique-là ben en vue, la fenêtre ouverte... ça occupera la gendarmerie... Accrochez ben vite cette jaquette-là, passez une blouse... nous n'allons pas chez l' préfet... Oh! le soleil se débarbouille là-haut, en route!

*
* *

Ça commence déjà à grouiller dans le pays : poules et canards barbotent dans les ruisseaux; dans la cour de chaque ferme les palefreniers crient, les chevaux secouent leurs grelots, les chiens aboient; la cloche du bouvier et de la gardeuse fait sortir vaches, chèvres et dindons; les porcs grouinent près de leur auge, et les coqs jettent au vent la chanson du matin.

Nous, nous trinquons avec gendarmes et garde champêtre : le vin blanc tue le ver... Sur un signe de Binard, après un serrement de main, nous nous quittons, et vingt minutes après nous nous retrouvons à l'entrée de la sapinière.

*
* *

Le père Binard guigne de chaque côté!... ni tricornes, ni gardes! bon!... il coupe aux taillis deux solides gourdins, et m'en donne un.

Maintenant, mon p'tit, à nous deux; vous allez filer là-bas... moi ici, en jouant du gourdin dans chaque fourré et en chantant toutes les chansons que vous savez..., vous pouvez recommencer la chose et chanter faux... j'y serai pas!... Si on vous rencontre, faites le poète... on vous méprisera, mais on ne vous soupçonnera pas... Rabattez-moi le gibier au p'tit bois des Roches... une vraie souricière, on peut tirer des coups de fusil tant qu'on veut... c'est comme si on éternuait dans une marmite... Allons-y et de l'avant...

*
* *

Muses des bois, grâce pour ce que vous entendîtes! ai-je chanté, mon Dieu!!! ai-je chanté!!!

*
* *

Le soleil écrit neuf heures sur le poteau de la

route, lorsque le père Binard me rejoint et me fait :

— Chut ! nous y *sont !...* Puis, contenant sa voix !!! qué que vous avez levé ?

— Des lapins et des lièvres par douzaines.

— Peuh !... tout ça ne vaut pas une chevrotine.

— Alors bredouille ?...

— Bredouille !!! pour qui que vous me prenez ? pour un chasseur !!! mon p'tit nous avons tout bêtement un chevreuil et un cerf.

— Bah !

— Taisez une miette, v'là le garde-manger.

Le père Binard s'accroche à une branche et s'élevant à la force du poignet : il cueille dans les feuilles une paire de fusils.

— Hein ! est-ce qu'il en pousse ?

— Bêta ! vous croyez qu'on dort la nuit ! Parisien, va ! allons, prenez votre brutal ; v'là des cartouches... vous savez, je passe devant, le canon en l'air... j'aime pas les erreurs... les doigts sur la détente, les yeux sur moi, et obéissez à mes signes... En route, et plus un mot.

*
* *

Alors le père Binard se transforme : son corps incline à droite, à gauche, ne dressant jamais sa silhouette dans le vide, collé près d'un arbre, il marche, il rampe, il s'avance ; ses pieds se posent sur l'herbe sans faire crépiter les liserons qu'ils écrasent...

— S'huit!

J'avance à l'ordre... et d'une voix que je ne lui connais pas, faite de râle et d'haleine, qu'on entend ou plutôt qu'on lit sur les lèvres :

— Attention!... v'là l'entrée... c'est le cerf!

— Comment voyez-vous ça?

— Taisez le grelot!... Il a pas assez penché ses bois sur son dos, et il a effeuillé et cassé les petites pousses de ce noisetier... Credié!... v'là du poil aux ronces... oh! oh!... y a pas deux minutes qu'il était là! Les mûres sont ombées et les mouches sont pas encore dessus.

— Mais où diable voyez-vous?... et j'ouvre des yeux.

— *Taisez donc vous,* vous savez pas parler sous bois, suivez-moi et pas de bruit, credié!... v'là la passée... piquez du nez... une marette... des *preintes*... eh? Oh! j'vas vous lire ça... Il a dans les trois ans... et il pèse dans les cent ving... bonne affaire! il en a au moins pour vingt écus sur la tête! Chien de tonnerre! v'là de l'eau!... piste perdue... credié!

— Vous me...

— Qué grelot! taisez donc! qué que nous allons faire?..... ah! le petit sentier..... suivez-moi, nous allons le pincer à se garer dans les bruyères... attendez.

Le père Binard regarde la cime des arbres :

— Il vente de l'est! nous sommes bons!... pas de bruit et nous l'aurons... suivez-moi, et silence.

*
* *

Alors le doigt sur la détente, l'œil sondant chaque fourré, amortissant nos pas en piquant du talon... nous avançons par le sentier; un signe du père Binard et je m'arrête... Sa main s'étend pour montrer une éclaircie envahie par la bruyère et les herbes... Les herbes sont hautes et l'on voit distinctement comme un sentier récemment frayé... Au centre, les hautes tiges s'agitent différemment indiquant la présence de la bête. Le père Binard se place à vingt pas... il me fait signe de tirer le premier... si je manque il est là...

Plein d'émoi, la poitrine oppressée, j'épaule, je vise au jugé :

Paf!

*
* *

Un cri humain, un cri de femme répond à la détonation de mon arme! Une sueur me pique le front, mes jambes fléchissent, mon fusil s'échappe de mes mains... le père Binard a jeté son arme, il est près de moi, me soutenant et je l'entends :

— Malheureux, qué que nous avons fait là... J'ai des petites guillotines qui me dansent devant les yeux.

Mon regard ne quitte plus l'endroit où râle ma victime.

Un grand gaillard s'y dresse tout à coup... nous regarde étourdi, puis se sauve à toutes jambes en disant :

— Binard !

*
* *

Binard m'entraîne sur le lieu de mon crime... et nous trouvons, réparant à la hâte une toilette en désordre, une femme qui, nous regardant, devient rouge, puis pâle... Moi j'éclate de rire en la reconnaissant :

— Ah ! ah ! ah ! ah ! Madame Binard ! ah ! ah !

*
* *

C'est la seule fois que Binard est rentré bredouille.

XVI

L'ASSASSINAT DE LA RUE FONTAINE

Vous avez lu dans les journaux d'hier :

« Un crime épouvantable vient d'être commis dans le quartier Saint-Georges : une femme de mœurs peu régulières a été poignardée cette nuit par un homme qu'elle avait emmené le soir. Le vol serait, paraît-il, le mobile du crime. La justice informe. »

Nous sommes allé visiter la chambre où le cadavre sanglant gisait, et nous sommes resté terrifié devant l'horrible des détails que nous avons recueillis.

*
* *

Il est deux heures du matin, la rue Saint-Georges est déserte. De temps en temps, sous la lueur des réverbères, scintillent les paillettes d'un chicard qui ramène sa Pierrette de l'Opéra.

Un homme et une femme remontent en causant la rue Saint-Georges, ils s'engagent dans la rue Fontaine... La femme est gaie, l'homme est soucieux... Ils s'arrêtent au numéro 13; la porte est ouverte, ils entrent.., un couloir sombre. La femme prend la main de l'homme pour le conduire vers l'escalier; l'escalier est étroit, rude et noir. L'homme la suit... il allume une allumette pour se guider à sa lueur. Ils montent ainsi trois étages... La femme est entrée chez elle, elle a allumé sa bougie, elle revient chercher son compagnon qui l'attend sur le carré.

***

La lumière éclaire la femme : elle a trente ans environ, elle est de taille moyenne, replète, presque obèse, proprement, mais pauvrement vêtue... Son visage n'est ni beau ni laid, l'ensemble cependant en est sympathique, les yeux sont petits et noirs, la bouche est grande, mais bien garnie, le nez est camard, les joues sont rondes, et les cheveux, châtains, sont très abondants. Elle rit en faisant les honneurs de chez elle

L'homme est dans l'ombre!

La femme se nomme Marie-Eulalie Mignard, et on l'appelle Camille.

L'homme... on l'appelle l'Inconnu.

*
* *

L'Inconnu suit sa campagne : il traverse l'antichambre pour entrer dans la chambre à coucher.

Camille va frapper chez une amie, sa voisine; on répond; elle entre :

— Je suis avec *quelqu'un*, dit-elle. Il doit prendre le chemin de fer demain matin, à cinq heures! Réveille-moi à onze heures, nous déjeunerons ensemble... J'avais dix francs, il m'en a donné sept... Dix-sept francs, on peut rire.

L'amie l'assure de l'éveiller le lendemain à l'heure... Elle sort et rentre chez elle, l'homme est couché sur le canapé. Camille se met au lit. Ici forcément des inductions.

L'homme lit son journal...

Tout est silence dans la petite chambre... Camille s'est endormie; elle dort la tête appuyée sur son bras droit courbé. Il est presque cinq heures. L'Inconnu se lève, va jusqu'au lit, se penche et écoute un instant la respiration régulière de la malheureuse. Alors il fouille dans sa poche... il regarde autour de lui... Sa main gauche appuie sur le front de la dormeuse, elle s'éveille à demi. Mais le misérable brandit un couteau, et la lame disparaît tout entière dans le cou de la fille. Il recule alors.

*
* *

La bougie est éteinte. La lueur blafarde du jour traverse les rideaux. Camille se lève éperdue, elle veut crier, sa voix s'éteint dans sa gorge. Le sang s'est échappé d'abord par l'horrible blessure, mais le couteau, en sortant, a ramené les chairs grasses, et la plaie s'est refermée. L'Inconnu s'est reculé jusqu'au bout de la chambre; il attend là, anxieux. le sourcil froncé, l'œil menaçant, serrant dans sa main crispée le couteau sanglant.

Camille, râlant, se heurte d'abord au mur de l'alcôve... Le sang l'étouffe, ses yeux hagards ne distinguent plus rien; elle marche comme une aveugle, les mains en avant, trébuchant et se heurtant aux meubles. Elle va tomber... Sa main s'accroche au canapé; elle vacille un instant, puis tombe enfin couchée, la tête en arrière. L'hémorragie se déclare...

*
* *

L'Inconnu suit un à un tous ses mouvements...

Du bruit au dehors... il écoute...

Des voisins qui rentrent, ils sont joyeux... Ils reviennent de l'Opéra.

Pour s'assurer que l'on n'a rien entendu, il va

dans l'antichambre, il écoute à la porte de la voisine... rien !

Il va jusqu'à la fenêtre, sa main sanglante lève le rideau : rien ! Il revient alors, il fouille l'armoire, il cherche... Misère... la malheureuse fille n'a rien... qu'un porte-monnaie contenant dix-sept francs... Il le prend !

*
* *

Camille râle agonisante sur le canapé; le sang l'inonde.

Lui, il emplit la cuvette, il se lave les mains !... Il a fini, il soulève encore le rideau de l'antichambre... Personne sur le carré... il sort.

. . . .

Voici ce que nous avons vu hier :

D'abord l'antichambre, une petite pièce carrée; à droite, en entrant, une table recouverte d'un tapis; — derrière la table, le couloir conduisant à la chambre de la fille Mignard.

A gauche, donnant sur la cour, une fenêtre garnie de rideaux; — sur l'un des traces de sang.

En face de la porte d'entrée de la chambre, tout est en désordre à gauche; un canapé de damas rouge humide de sang; au pied du canapé, la toilette couverte de flacons, de brosses au milieu, la cuvette pleine jusqu'au bord de l'eau ensanglantée...

A droite de la chambre, l'alcôve, — la tête du lit est complètement cachée, les draps, les couvertures sont à terre, les matelas sont souillés de sang; des jupons blancs et des bas sont accrochés au mur. A la tête du lit, en sortant de l'alcôve, la table de nuit, porte et tiroir ouverts; en face, le canapé, l'armoire ouverte et vide, des chaises renversées, et, dans le sang, de vieux journaux.

Donnant encore sur la cour, une fenêtre devant laquelle est une table sur laquelle les voisines ont placé une soucoupe contenant de l'eau bénite et dans laquelle baigne une branche de buis...

Enfin, au pied du canapé, étendue sur la descente de lit, baignée dans son sang, le corps complètement nu, les cheveux épars, la malheureuse fille!...

*
* *

Philippe a fait école!

XVII

UN VOYAGE EN BALLON

Je lisais hier le récit de la dernière ascension de l'*Entreprenant*, le ballon avec lequel M. W. de Fonvielle commence ses expériences scientifiques.

J'enviais le sort de ses deux compagnons lorsqu'un homme d'un certain âge, boutonné jusqu'au menton, me dit en riant :

— Ah! ah! jeune homme, j'ai vu ça, moi

— Vous?... oh! contez-le-moi!

Voici à peu près son récit :

*
* *

Tel que vous me voyez, jeune homme, j'ai été gendarme à X...

Un jour que je fumais ma pipe à la porte de la gendarmerie, un homme se présenta; il éta grand, sec, très mal vêtu. Il s'avança vers moi et me dit :

— Gendarme, j'enlève mon ballon demain matin ; j'ai besoin d'un homme.

— Demandez au maréchal des logis, que je lui dis.

Il va demander au maréchal, et c'est moi qui, moyennant cinq francs, suis de corvée.

*
* *

C'est sur la place de la fête que l'ascension devait avoir lieu.

A neuf heures du matin j'étais à mon poste.

Le ballon était déjà à moitié gonflé. Il demande des hommes de bonne volonté pour tenir les cordes, et me dit :

— Vous, gendarme, vous êtes solide ; vous ne lâcherez que quand je vous le dirai.

Ma consigne spéciale était de lui obéir : j'obéis.

Tout va bien, le ballon se gonfle ; il fait mettre dans son panier des sacs de sable, qu'il appelait *de l'est*.

Il monte à son tour dans le panier, et nous crie :

— Attention !

*
* *

Je me dis : bon ! connu ! et je me cramponne à la corde.

— Lâchez tout! qu'il crie.

Je me dis : c'est l'heure d'être solide, je m'assois bien, et je tire la corde.

Tout le monde lâche! je tire! je tire!

Mais je m'envole pendu comme un pompon à la queue d'un cerf-volant.

Le monde crie en bas, l'aéronaute regarde et me voyant suspendu, me dit :

— Mais lâchez donc, gendarme.

Je regarde, j'avais au moins cinq étages sous moi.

— Tonnerre! que je dis, j'aime mieux aller comme ça en paradis, que d'aller en enfer par l'autre moyen.

Et je me cramponne, je me cramponne que mes doigts en saignaient; avec ça mon sabre me battait les jambes.

— Vous ne m'avez pas entendu ? qu'il me dit.

J'étais au moins à cinq étages.

— Jamais, que je réponds en me ratatinant sur la corde.

— Eh bien! alors, montez!

— Où est l'escalier.

— Attendez?

Ah! le gaillard! en deux tours de bras il tirait la ficelle après laquelle j'étais pendu et il me faisait prendre pied dans sa nacelle.

*
* *

Je me remets encore un peu, puis je dis au grand sec :

— Ah! ça! est-ce que c'est pour votre plaisir que vous voyagez là dedans?

— Non, j'ai un but.

— Vraiment! et où allez-vous?

— Dans la lune!

— Ah ça! pas de plaisanteries, vous! Je ne connais que le service, moi! N'allez pas me faire manquer l'appel, au moins.

— Dans deux heures, nous y serons!

— Nous y serons... nous y serons...

— Ou le ballon crèvera!

— Dieu! qu'est-ce que vous dites?... Pas de mauvaise plaisanterie.

— Je ne plaisante jamais!

La sueur me perlait sur le front, elle se refroidit subitement et alla me geler les os.

Lui, le vieux brigand, il avait l'air tout joyeux, et il vidait ses sacs de sable par-dessus le panier.

Un moment, j'allais lui faire observer qu'il n'était plus l'heure de secouer le tapis... mais, comme nous n'étions pas très bien ensemble, je m'abstins.

*
* *

Quand ses sacs furent vidés, il retira son paletot, le jeta, son gilet, le jeta aussi, puis se tournant de mon côté, il me dit :

— Gendarme! votre sabre!

— Pourquoi faire?

— Donnez, donnez vite...

Je le donnai, croyant qu'il allait s'en servir pour la manœuvre. A peine l'eut-il qu'il le lança dans le vide.

Il me regarda... mais avec un œil singulier. J'eus comme un frisson.

— Il faut que nous montions encore...

— Ah bah!

— Nous sommes trop lourds!

— Eh bien?...

*
* *

Il saisit son menton dans ses doigts secs, inclina la tête, et, ses regards ardents fixés sur moi, il pensa quelques secondes, puis me demanda tout à coup :

— Gendarme, combien pesez-vous?

Je compris, et, rassemblant toute mon énergie, je lui dis :

— Oh! pas lourd, surtout le matin avant la soupe.

— Gendarme, répéta-t-il, combien pesez-vous?

— Pas plus de deux livres... et avec mon sabre!

— Deux livres, se dit-il tout haut, c'est cent mètres... Allons!

Et, prenant une résolution violente, il s'élança sur moi.

Ah! ma foi, vous comprenez, j'avais affaire à un fou.

Tant pis pour moi si j'étais vaincu!

Nous nous prîmes à bras-le-corps, nous roulâmes dans la nacelle... un instant je le lâchai, il se redressa...

*
* *

Je n'eus que le temps de l'enlacer.

Je le levai à bout de bras, le balançant quelques secondes dans le vide, et, ma foi :

— V'lan! je le lançai dans l'espace!

. . . .

— Comment, vous, gendarme, vous avez jeté un homme... oh!

— Allons donc! jeune homme, fit le gendarme en faisant sonner son rire loyal; c'est-à-dire que j'ai rêvé ça, la veille du jour où j'étais de garde au ballon de M. Nadar.

XVIII

LA MI-CARÊME

Soyez tranquille, je n'ai pas l'intention de chercher la racine grecque ou latine de mon titre.

Ignorant comme une carpe dans la matière, je laisse les encyclopédies et les dictionnaires, et, pour être renseigné convenablement, je m'adresse tout naïvement à une charmante petite femme aux yeux verts, au nez insolent, à la bouche fraîche, à... ma blanchisseuse :

***

— La Mi-Carême, c'est la fête des blanchisseuses !... Vous allez, mademoiselle, me donner des renseignements ?...

— Monsieur, je ne suis pas mademoiselle ! je suis madame !

— Pas possible!...

— Si, monsieur, et c'est justement à cause de la Mi-Carême que...

— Vrai?... ah! contez-moi ça?...

. . . .

Ma blanchisseuse a été prolixe, je me contente de vous donner l'extrait ou plutôt le résumé de son récit.

*
* *

Huit jours avant la Mi-Carême, un mitron a apporté au lavoir une galette immense. On a fait vingt parts; un bambin a glissé sa main sous la serviette qui couvrait le gâteau; il a tiré et distribué des morceaux à toutes les laveuses pendant qu'une commère chantait :

> C'est une rage, un vrai délire,
> Avoir la fève, c'est si beau,
> Quand tout le monde... tout le monde tire?
> Tire, tire, tire le gâteau.

Les laveuses enfoncent leurs dents dans la galette; une crie :

— Je l'ai!

C'est ma blanchisseuse.

*
* *

Une reine, c'est bien, mais il faut un roi; on en demande un, tous les hommes crient:

— Moi! moi!

Mais la commère qui chantait a tout vu d'un coup d'œil.

Ma blanchisseuse, — voulez-vous que je vous dise son nom? Rose! — Rose a rougi et baissé ses yeux quand tous les hommes ont crié : « Moi! »

Puis, quelques secondes après, sa paupière s'est levée un peu, et son regard est tombé sur un grand gaillard aux cheveux roux, aux yeux noirs, aux lèvres rouges sur des dents blanches.

Un homme solide, sur le cou duquel courent de grosses veines bleues.

Rose lui a souri.

Et la commère a dit :

— V'là le roi!

Ceci est le prologue, maintenant voici la pièce :

*
* *

— Hue! oh dia! gare-là... hue donc!

Il faut voir ça, ils sont tassés dans le char-à-bancs.

Rose est vêtue de satin blanc, Pitou — le grand gaillard — est en mousquetaire.

Il y a dans la voiture des diablesses, des marquises, des gamins, des pages.

Le sexe fort est en malin, en titi, en chicard, en sauvage même.

A chaque coin de la tapissière, les oriflammes battent l'air.

Les femmes chantent, les hommes crient.

Et le cocher, déguisé en postillon de Lonjumeau, crie :

— Hue! oh dia! gare-là! hue donc!.

*
* *

Les cahots les poussent les uns sur les autres. D'abord on rit, on plaisante.

Puis, comme on ne veut pas tomber, on s'accroche aux rideaux du char-à-bancs.

Les cahots continuent : on s'accroche aux costumes, on se cramponne aux mains des amis.

Si bien qu'à un moment, le postillon ayant fait monter son cheval sur le trottoir, Rose se pend au cou de Pitou!

— Hue! oh dia! hue! gare-là!

*
* *

Dame! quand on chante, ça sèche la gorge... on est donc obligé de prier le cocher de s'arrêter de temps à autre.

Chaque fois le vin coule dans les verres et glisse joyeusement sur les palais... ça mouille et brûle en même temps les cerveaux; mais, bah! c'est la Mi-Carême!

Quand les dames remontent... le marche-pied est rude... et l'on voit un brin les bas blancs et ses petits pieds...

On voit même la fine cheville de Rose...

Vrai Dieu! Pitou ne veut pas de ça!... il va se fâcher; mais le postillon de Lonjumeau crie :

— Hue! oh dia! gare-là! hue!

*
* *

On arrive chez le restaurant.

Ah! le gai dîner, la bonne et franche gaieté.

On boit à la reine, au roi, à la demoiselle d'honneur, à la reine de l'année prochaine... on boit... on boit...

On boit tant enfin, que Pitou, qui ne veut pas qu'on plaisante avec sa reine, se fâche tout rouge quand on l'invite à danser.

Les veines de son cou crèvent sa peau; ses biceps se gonflent et font craquer les coutures de son costume; la mousse borde ses lèvres...

Il y a de l'orage dans l'air, ça éclate.

Pitou veut faire des morceaux avec les gens qui ont parlé à Rose.

Le postillon, qui a bu un peu, dit toujours :

— Hue! oh dia! gare-là! hue!

*
* *

On se dispute, les femmes crient, les hommes tapent.

Les assiettes et les verres se mettent de la partie et volent autour des têtes des convives. On crie :

— A la garde!

Le garçon éteint le gaz...

Et Pitou se dit : Sauvons la reine!...

*
* *

C'est Pitou qui a dit ça... lui seulement, car Rose m'a dit :

— C'est quand il m'a sauvée que j'ai senti que j'étais perdue...

Le postillon descendait l'escalier, s'appuyant sur la rampe et répétant :

— Hue! oh dia! gare-là!

— Pour lors, me raconta madame Rose, Pitou prit le postillon, le colla sur le siège de sa voiture, me fit monter, monta et dit :

— Hue-là!

*
* *

— Très bien! Mais la fin de l'histoire?

Rose rougit un peu, très peu, puis avançant son petit nez malin, elle me chanta :

La fin d'l'histoir', c'est que l'douze,
D'vant monsieur l'maire il faudra,
Pour réparer c't'affair'-là,
Que c'brigand d'Pitou m'épouse.
Hue! oh dia! gar'-là!
Ma vertu, ça tient d'la place.
Faut qu'on la prenne, ou sans ça
Je n'vous réponds pas d'la casse.
Hue! oh dia! gar'-là!
Le temps des bêtis's, ça passe.
Hue! oh dia! gar'-là!

Rose m'a invité à sa noce; si vous voulez en être, vous n'avez qu'à le dire.

XIX

L'INVASION

Il y a cinquante-cinq ans, le jour où j'écris ces lignes, que nos soldats, battus à la Fère-Champenoise, livraient la route de Paris par La Ferté et Meaux aux armées coalisées.

Le 29 mars au matin, Blücher établissait son quartier général à Bondy, plaçant ses différents corps à Villepinte, Aunay, Drancy, Noisy-le-Sec, Le Bourget, Pantin et Romainville.

Il n'avait, pour lui fermer les barrières, que le général Compans à la tête de 5,000 hommes.

* * *

Les généraux Mortier et Marmont, battus à la Fère-Champenoise, firent un détour pour s'éloigner de l'armée du vainqueur et se portèrent en toute hâte sur Paris.

Ils y arrivèrent presqu'en même temps que les alliés, passèrent le pont de Charenton vers midi firent sauter les deux premières arches, en confièrent la défense aux élèves de l'école d'Alfort, et placèrent leurs troupes entre Charonne, Saint-Mandé et Bercy,

Sur deux cents bouches à feu de gros calibre ordonnées par l'empereur, le ministre de la guerre en avait fait venir soixante-douze seulement et de petit calibre.

* * *

Dès le 28 au soir, le rappel avait été battu dans Paris, une fermentation immense agitait la population. La bourgeoisie et le peuple étaient décidés à mourir plutôt que laisser l'étranger mettre les pieds dans la capitale.

La garde nationale comptait trente mille enrôlés, et six mille seulement furent employés pour la garde des quarante barrières; il se présenta trois mille volontaires qui se joignirent aux troupes de ligne; on leur distribua des cartouches, dont un grand nombre étaient pleines de son.

Quant aux volontaires qui se présentèrent en dehors de la garde nationale, on *leur offrit des piques pour se battre en tirailleurs*. Cependant Vincennes regorgait de fusils!

Paris manquait d'hommes... et, sur le dépôt

d'infanterie de Versailles, on se contenta d'en-prendre deux mille !

*
* *

A la pointe du jour, le 30 mars, les corps des maréchaux ayant opéré leur jonction avec celui du général Compans, prirent chacun leur poste de bataille.

De Pantin à Montreuil, le duc de Raguse, chargé de défendre la droite, plaça ses douze mille hommes et trois mille chevaux.

Le duc de Trévise couvrit de ses neuf mille hommes et deux mille chevaux toute la gauche de Pantin à Saint-Ouen.

Le front de nos troupes était couvert par cinquante-trois bouches à feu, dont cinq placées sur la butte Montmartre.

*
* *

Les alliés s'ébranlèrent à leur tour pour prendre leurs dispositions d'attaque.

Blücher, chargé d'attaquer notre gauche, avait 52,000 hommes et 11,500 chevaux; il avait sous ses ordres les généraux Langeron, Kleist, York et Woronzof.

Une colonne devait attaquer Montmartre par Clichy ; une autre devait s'emparer de la Villette.

la Chapelle, et attaquer Montmartre par Clignancourt.

Barclay de Tolly devait enfoncer notre centre; il avait 37,000 hommes et 10,000 chevaux, qui devaient emporter les hauteurs de Romainville et de Belleville.

Enfin, c'était le prince de Wurtemberg qui devait s'emparer de Saint-Maur, de Charenton et bloquer Vincennes; il avait pour cela 30,000 hommes et 2,000 chevaux.

Voici donc le bilan : 23,000 Français, dont la plus grande partie n'avait jamais vu le feu, devaient défendre l'entrée de Paris contre 140,000 hommes.

L'ennemi n'aurait voulu commencer le comb que lorsque toutes ses troupes auraient été à la même hauteur.

Mais le corps de Marmont commence l'attaque.

Après un combat acharné et, malgré la disproportion des forces, le corps de Rajewski est repoussé, Romainville et Pantin sont repris, le plateau balayé, et les Russes sont rejetés au pied des hauteurs qu'il est à peine neuf heures du matin.

Voyant le corps de Rajewski repoussé de tous côtés, Barclay de Tolly, qui craint de perdre les deux villages, fait donner deux divisions de grenadiers et la garde prussienne.

Le combat se rallume, nos troupes sont pressées, presque débordées; mais les enfants, qui sont nos soldats, défendent et maintiennent leurs positions. Les troupes prussiennes et russes lancées sur eux se brisent sans les faire reculer.

Il est onze heures.

Épouvanté des pertes énormes qu'il a faites et de ses inutiles sacrifices pour enlever Pantin, Barclay de Tolly fait suspendre l'attaque jusqu'à l'entrée en ligne des corps de Blücher.

*
* *

Voyant son insuccès, le général prussien change son plan :

Deux divisions déboucheront de Montreuil et occuperont Charonne; deux autres divisions s'empareront à tout prix de Belleville par Ménilmontant; deux autres enlèveront Belleville par les prés Saint-Gervais; les gardes russe et prussienne écraseront Pantin, et une division de cuirassiers soutiendra les attaques de Belleville et de Charonne.

Un rien, enfin : quarante mille hommes contre sept mille à huit mille.

*
* *

Marmont va profiter de ce temps pour replacer

les troupes, lorsque Blücher, déployant son armée dans la plaine Saint-Denis, oblige, après un court engagement, la brigade Robert à quitter Aubervilliers pour se replier sur la Chapelle.

La brigade Robert a six cents hommes et Blücher en déploie soixante mille!

* * *

Le général Barclay recommence l'attaque. Après un combat acharné, la brigade Clavel est repoussée, et le général est pris; Marmont, démonté lui-même, est obligé de battre en retraite.

L'engagement alors devient terrible. Marmont s'est rapproché de l'enceinte de Paris, il tient Russes et Prussiens en respect, et son corps est couvert par une batterie de douze; mais les munitions manquent.

Alors les Russes s'emparent des hauteurs du Mont-Louis. La division Michel, commandée par le colonel Sécretant, qui soutient héroïquement le choc de forces dix fois égales, est repoussée jusque la barrière; la droite du général Mortier évacue vivement la Chapelle, car ses troupes vont être prises en flanc et à dos.

* * *

Pendant ce temps, le prince de Wurtemberg est arrêté à Nogent avec ses trente-trois mille hommes; il est tenu en échec par environ cinq ou six cents hommes, parmi lesquels sont les élèves des écoles vétérinaires d'Alfort, qui défendent les ponts de Saint-Maur et de Charenton.

Mais les braves jeunes gens, écrasés par le nombre, sont repoussés, et le corps du prince de Wurtemberg arrive à Bercy.

*
* *

De l'autre côté, le corps de Marmont, succombant sous le nombre, est acculé contre les murs de Paris, et les élèves de l'École polytechnique, ne pouvant plus soutenir l'assaut, meurent bravement en enclouant leurs pièces sur les buttes Chaumont.

*
* *

Depuis plus de deux heures déjà, les maréchaux Marmont et Mortier avaient reçu du roi Joseph l'autorisation de traiter pour l'évacuation de Paris.

C'est à cet instant seulement que, se voyant abandonnés et par le régent et par les Chambres, les maréchaux cessèrent le combat et traitèrent avec les alliés.

*
* *

Dans la nuit du 30 au 31, la convention qui

livrait la capitale de la France à l'ennemi fut signée.

Dans le remarquable article du général Vaudoncourt, où j'ai trouvé la plus grande partie de ces détails, je trouve cette citation :

« Si l'on avait été fermement résolu de défendre la ville à outrance, a dit Plotho, *officier d'état-major des armées alliées*, on pouvait arrêter les alliés un ou peut-être deux jours de plus. Si, par des mesures énergiques et une volonté sincère, on avait tiré parti de sa position avantageuse, que la garde nationale eût été disposée, et qu'on eût armé la nombreuse population, on pouvait les arrêter jusqu'à ce que Napoléon fût arrivé avec son armée, qui s'avançait à marches forcées. »

XX

LA STATUE

Le jour de sa naissance, les grands de la terre étaient venus, ils s'étaient inclinés devant son berceau; les bourgeois, les soldats, les vilains étaient venus baiser le coin de ses langes.

Il portait en naissant un nom fameux; ses aïeux étaient au moins des bâtards de rois.

C'était un grand! un puissant, enfin!

*
* *

Enfant, on avait obéi à ses caprices; jeune homme, on avait satisfait ses désirs; homme, on avait exécuté ses ordres!

Il était le maître!

Et comme avec le lait il avait sucé le despotisme, il se croyait bâti d'une autre chair, d'un autre sang et d'autres os que les autres.

Il croyait que ceux qui l'entouraient n'avaient été créés que pour lui obéir, il croyait qu'il avait sur eux des droits de vie et de mort.

* * *

Comme il était né puissant, il avait ordonné aux esclaves qui lui obéissaient d'élever sur la place de son comté son image en bronze.

* * *

Chaque jour il s'enivrait en voyant sa statue braver les éléments.

Il s'en enivra tant que, las de voir les courtisans se courber devant lui, il voulut que, bourgeois, soldats et vilains, se courbassent devant un bronze immobile qui devait rappeler aux siècles futurs sa stupide image.

Je parle de longtemps.

Or, bourgeois, soldats et vilains, se courbèrent.

* * *

Pour celui qui avait oublié de saluer le bronze, les punitions et les amendes le rappelaient à son devoir.

Pour celui qui refusait d'exécuter l'ordre, les supplices les plus affreux.

Habitué à être obéi, il n'avait de respect que pour lui.

Hommes, femmes et enfants qui l'entouraient étaient sa chose, son bétail de par Dieu, — il le croyait, — et il avait sur eux droit de haute et basse justice.

* * *

Ses soldats couchaient sanglants dans la plaine les hommes qui méconnaissaient ou bravaient son autorité.

Quand les femmes étaient belles, elles étaient à lui; quand les hommes étaient forts, ils devaient le servir.

A force d'étrangler les gens, les veines se gonflèrent tant qu'elles brisèrent la main de l'étrangleur... à ce point, qu'un jour, les cris de ceux qu'il oppressait vinrent le faire rugir dans son palais.

* * *

Tout le jour il se promena dans sa chambre. cherchant le supplice qui devrait châtier les rebelles, pendant que ses soldats étouffaient l'émeute dans la gorge des malheureux.

Lorsque les hommes d'armes revinrent le soir au palais, s'appuyant sur leurs sabres rouges, il était fier d'avoir, une fois encore prouvé sa puissance.

Il se mit au balcon et sourit au bronze silencieux que la lune éclairait.

Il se sentait plus grand en voyant que l'ombre de ce qui n'était que son image envahissait toute la place.

Le ciel était zébré de rouge, le vent se leva; peu à peu il devint si fort que les oriflammes des soldats couchés aux portes du palais se déchirèrent.

L'ouragan augmentant, tous les archers gagnèrent prudemment les postes... les arbres gémissaient en ployant sous le vent... ceux qui ne ployaient pas se brisaient avec fracas.

Il était fier, lui, le puissant, au milieu de tout ce bruit; devant ce danger, son image était toujours debout, calme et immobile... avec sa grande ombre!

*
* *

Un gros rire de satisfaction roula dans sa gorge... et, sûr de son éternelle puissance, il gagna sa couche.

A peine le sommeil avait-il clos ses paupières, qu'il rêva que les fils et les pères des gens qu'il avait fait tuer dans la lutte recommençaient le combat.

Ses soldats étaient vaincus... ses archers fidèles l'abandonnaient...

Et les mères et les filles des victimes venaient jusqu'à lui... elles le déchiraient de leurs ongles... Lui... il se sauvait... le lâche, il se sauvait...

*
* *

Alors il se réveilla... tout fiévreux, tout moite de sueur.

Il était bien dans son palais, sur sa couche ducale... L'ouragan même avait cessé.

— Ah! ah! qui donc est plus fort que moi? Qui donc oserait toucher à ma puissance?

*
* *

Et il se leva, pour aller revoir encore l'ombre immense que sa statue projetait sur la place.

Seigneur! le piédestal était seul debout.

La statue bossuée et tordue était couchée dans la boue...

Dans la boue!!!...

La mousse vint à ses lèvres, ses yeux s'injectèrent de sang... il hurla :

— Par les saints du paradis! Jour de Dieu! On écrira mon nom sur le marbre avec le sang de ceux qui l'ont jetée à terre... A moi les gardes!...

Les soldat envahirent la chambre.

*
* *

— Holà, rustres! quel est celui qui, n'osant pas s'attaquer à l'homme, s'est attaqué à son image!

— Un fort, maître!

— Un fort!... Il n'en est qu'un au monde... et c'est moi! moi!... A celui qui a porté sa main infâme sur ce bronze sacré... le supplice sur cette place... On lui ouvrira le ventre... et de mes mains, moi, je lui arracherai les entrailles pour les donner à mes chiens... Qui est-ce?... répondrez-vous, brutes!

Tout le monde se tut, tremblant devant la colère du maître... Un vieillard s'avance cependant.

— Parle! lui dit-il, et cette fois ou jamais vous saurez si je suis le maître... si grand qu'il soit, vous saurez que ma puissance peut l'atteindre.

Le vieux soldat lui dit:

— Maître, c'est le tonnerre!

XXI

VENDREDI SAINT

Le soleil s'est caché, la bise et la pluie attristent les champs, que le printemps faisait sourire.

Il semble que la nature a pris le deuil pour l'anniversaire de la mort de l'Homme-Dieu qui, le premier, sema la liberté sur le monde.

Les cloches sont muettes... les clochers pointus dressent leurs silhouettes aiguës dans l'horizon gris.

*
* *

Les femmes et les enfants vont baiser les plaies du Christ de cire...

Les prêtres ont couvert leur soutane noire du long surplis plissé, de l'étole de deuil, et, dans le fond des chapelles, où les tabernacles sont ouverts, ils psalmodient tout bas la messe des morts?

*
* *

Pour le commerce, mon Dieu, c'est l'intermittence d'une semaine où l'on ne vend rien, à un jour où la vente double.

Aussi, laissant aux fils de l'Église le soin de brûler la cire autour de l'image du Crucifié, ils se préparent, eux, au jour solennel de Pâques en passant l'éponge sur la devanture, en changeant les rideaux, en renouvelant l'étalage et en remettant enfin la boutique à neuf.

*
* *

Pour le monde du théâtre, c'est autre chose; le vendredi saint est jour de fête!

Comme c'est le seul jour de l'année où la répétition et la représentation n'ont pas lieu, les artistes organisent entre eux des parties de campagne pour ce jour, que certains appellent simplement:

La fête des comédiens...

*
* *

Un vendredi saint, je visitais un couvent dans les Vosges. Après la messe des morts, dite dans la chapelle, tous les moines allèrent réciter sur une tombe, perdue dans un coin du cimetière, une courte prière...

Voici l'histoire que me conta le prieur pour m'expliquer ce fait :

Le supérieur du couvent, vieillard de quatre-vingt-onze ans, s'était, comme tous les moines, agenouillé le vendredi saint devant le tombeau du Christ ; le front collé sur la dalle humide, il priait.

Tous les frères attendaient que le père se levât pour aller à l'offrande ; mais le vieux religieux restait toujours abîmé dans ses prières.

Un instant, au risque d'être admonesté par le père, le prieur se dirigea vers lui et le toucha à l'épaule ; le vieillard resta muet... Il lui mit la main sur le crâne... le crâne était froid.

Le supérieur était mort !

* * *

On le mena à sa cellule, on le coucha sur le lit, et, ainsi qu'il est d'usage, on confia la garde du corps à un frère.

Le frère était à genoux près du lit de parade sur lequel le supérieur était étendu ; un instant la lueur des cierges scintilla sur les mains du cadavre.

Le moine leva la tête et vit à un des doigts du père un anneau sur lequel brillait un immense diamant... Il eut un éblouissement... sa main fiévreuse se tendit vers la main du mort... mais il entendit au fond des salles :

— *De profundis!*

*
* *

C'était la procession des frères qui venaient dire au père l'éternel adieu.

Le moine pensa en lui :

— Merci, Seigneur! c'est vous qui avez voulu que j'échappasse à la tentation...

On descendit le corps à la chapelle... tous les moines s'agenouillèrent sur les dalles suintantes.

C'était un bizarre coup d'œil :

Au fond de la chapelle, le cadavre du père dans son cercueil découvert, éclairé par douze cierges fumeux ; autour du corps, tous les moines à genoux, la tête inclinée... On ne voyait que leurs crânes d'ivoire se détachant sur leurs robes brunes... et, par les vitraux multicolores, des milliers de flèches lumineuses jetaient sur cet ensemble leurs fauves reflets...

*
* *

Le moine qui avait gardé le père cherchait en

vain à ne plus voir la main du mort... Son œil étincelait et sa flamme se mêlait au scintillement du diamant...

— Seigneur mon Dieu! faites que j'échappe à la tentation!

Et les moines chantaient :

— *De profundis!*

L'office terminé, on descendit le corps du veillard dans le caveau des supérieurs.

On ferma le cercueil et on le plaça sur les dalles... à l'endroit où était le précédent.

C'était l'usage; le corps devait attendre là jusqu'à ce qu'un autre supérieur mourant, on scellât l'autre dans son caveau.

Puis on alluma la lampe qui devait toujours brûler au-dessus du cercueil; les moines dirent encore une fois la prière des morts, et tous remontèrent un à un.

Dès qu'ils revirent le jour, ils devinrent joyeux, car le lendemain cessait l'abstinence et commençaient les fêtes de Pâques.

***

Lui, qui avait veillé le corps... il se rendit à la chapelle et il dit :

— Seigneur, merci! vous m'avez sauvé. Je n'ai point souillé par un crime la robe sacrée que vous protégez; vous m'avez fait échapper à la tentation... Merci, Seigneur ! Seigneur, merci !...

Et, pensif, il marcha par les longs corridors...

Près de gagner sa cellule... il se disait tout bas :

— ... Alors, je quitterais la robe... Je pourrais l'aimer et je pourrais l'obtenir... Comme les autres, je pourrais courir avec elle par les bois dans les beaux jours d'été ! Je pourrais rester avec elle près du foyer, dans les soirées d'hiver. Je serai riche... Il vaut bien cent vingt mille francs... J'en aurais toujours quatre-vingt mille d'un juif discret... Je n'en aurais encore que cinquante mille !!!...

Il se coucha sur sa natte, mais il ne put dormir !

*
* *

A minuit, lorsque les moines, comme des fantômes noirs, descendaient à la chapelle, il se glissa le long des murs ; échappant à la lune, il gagna la niche du frère jardinier, y prit une houe, attendit que, la messe étant finie, les frères eussent regagné leurs cellules, et, évitant le frère portier, il descendit dans les caveaux.

Là, le cerveau brûlé, l'œil écarquillé, la main fiévreuse... il glissa la lame de sa houe sous le couvercle du cercueil... d'une pesée violente il fit sauter les clous, et se trouva devant le cadavre livide... Il recula...

*
* *

Les yeux étaient entr'ouverts, la bouche souriante, les lèvres étaient pâles.

Le moine crut que le supérieur dormait.

Il eut peur... Se dominant, il s'avança, prit la main froide du corps et voulut arracher l'anneau...

Les doigts craquèrent... mais il tenait le diamant!

Alors, comme il lui sembla entendre les moines qui allaient à matines, il se hâta vite de reclouer le cercueil... vite, vite! Il se redressa, son crâne heurta la lampe et la brisa.

Le bruit attira l'attention du frère portier qui s'avança à l'entrée de l'escalier du caveau, et auquel il entendit dire :

— Est-ce qu'il y a quelqu'un là dedans?...

On allait descendre!

Il eut peur, il voulut fuir!... Mais, horreur!... on le tenait par sa robe... c'était le mort qui voulait livrer son voleur.

— Grâce !... cria-t-il, grâce !... lâche-moi... grâce!...

Mais on ne le lâchait pas...

Il fit un dernier effort...

Rien!...

Alors la fièvre lui monta au cerveau, le sang

afflua à sa gorge... il tomba sur le cercueil, tenant de sa main crispée le diamant maudit.

. . . .

*
* *

Le frère portier, entendant du bruit, était descendu; il trouva le moine raidi sur le cercueil.

Il était mort!

— Et, chose singulière, observa le frère, sa robe était clouée avec le couvercle de la bière.

XXII

LA PÊCHE EST OUVERTE

La petite vieille église de Saint-Ouen-l'Aumône sonne minuit, l'enseigne de l'auberge du *Grand Cerf* grince sur sa tringle rouillée, les peupliers s'embrassent sous le vent qui hurle, la locomotive jette dans la campagne son sifflet aigu... On heurte du poing mon volet.

— Holà! z'enfant, y sont nous?

— Qui va là?

— C'est le *pêcheux;* pardié! bas du lit et tôt là.

— J'y suis!

J'ai vite endossé la vareuse... J'ouvre! A la lueur d'un suif fumeux, nous cassons une croûte et vidons deux pichets d'un vin grinchu, vert, et rude à la gorge comme une poignée d'orties.

* * *

Mon pêcheur est crânement posé devant moi, le verre à la main.

Le nez petit, couvrant presque les joues à force d'être camard, les yeux ronds, bordés de paupières rouges sans cils ni sourcils ; sous les narines immenses, une touffe de poils rudes et droits comme des barbes de chat ; la bouche sans lèvres, semblable à celle du brochet ; les cheveux carotte, mais rares et toujours hérissés ; le front osseux, les joues osseuses, le menton osseux ; le cou tanné et ficelé de grosses veines bleues ; le corps long et sec comme un bouleau ; quelque chose enfin du poisson et de la fouine... Voici l'homme qui me vient chercher : le *pêcheux!*

* * *

Nous partons ; descendant du village, nous gagnons l'Oise par la *sente* qui coupe le pré ; le vent frais et plein de l'âcre senteur des foins fauchés nous bat le front, la bruine des nuits nous fait frissonner, mouillant nos cheveux, brillantant nos barbes ; nous passons le ru sur la planche qui vacille, et jusqu'à mi-corps nous nous noyons dans l'herbe haute qui embaume.

Voici l'Oise. Par les chemins et les sentiers

descendent de longs fantômes noirs ; ils portent une gibecière au côté et un filet sur l'épaule...

*
* *

Nous sautons, nous, dans le bateau sur les areins duquel clapotent les cheverins, l'herbe à puce et l'oseille à crapaud. J'ai pris les avirons, nous gagnons l'autre bord.

— Chut !... tirez plus !... laissez-nous descendre ; je vas apprêter mon *éprevier* en attendant le jour.

Je me couche à plat ventre sur la levée du bateau, les bras accoudés, le menton dans les mains, et je regarde, ébloui.

*
* *

Le brouillard *engrise* tout !... Plus de vent dans les peuples invisibles, le saule trempe ses cheveux dans l'eau sans la rider, le silence a tout envahi... à peine troublé par le bouillonnement lointain du barrage... les champs dorment.

Le garde champêtre qui rôde par là, avec ses buffleteries jaunes et sa plaque de cuivre, consulte sa montre.

Déjà une ligne bleuâtre éclaire l'horizon !... La vie revient ; les oiseaux chantent, le coq beugle au village, les chariots cahotent sur la route, les grelots sonnent au poitrail des chevaux qui remontent les péniches, le fouet des charretiers claque, les canards et les oies mènent leur petite famille au bain... et l'eau vous emplit le cerveau de son âcre odeur de limon et de goudron.

Peu à peu, les arbres se dégagent du brouillard, dressant leurs longues silhouettes dans les gris de l'aube.... Peu à peu, la plaine paraît avec sa forêt d'épis et son monde d'insectes... Ciel, terre, arbres, fleuve se dégagent ternes et brumeux... enfin, crevant l'horizon, miroitant sur l'eau, scintillant à travers les feuilles, embrassant la plaine... le jour paraît.

*
* *

L'eau crépite sous un choc inconnu !!! Je me retourne : c'est l'épervier qui va chercher ses proies ! Des hommes sont là-bas, accroupis, muets, la ligne à la main, le regard ardent et anxieux, ne quittant pas le liège que l'eau promène ; ils sont échelonnés de dix pas en dix pas, jusqu'à perte de vue...

L'heure a sonné : la pêche est ouverte !

*
* *

Dès que le plomb du premier épervier s'est perdu dans l'eau, quand le soleil est venu crever les chaudrons du *Grand Cerf,* le garde champêtre s'est fait servir une goutte de mêlé-cassis ; après s'être essuyé les lèvres du rebord de sa manche, il a grimpé l'échelle de meunier qui conduit à sa chambre, il a battu le briquet sous le foyer, le sarment a pétillé dans l'âtre, les éclairs de la flambée ont été se heurter aux vitres embrasées du soleil rouge... le chien est venu roussir son museau dans les cendres... L'homme s'est étendu sur sa couche rude pour s'endormir ; il a regardé tituber les poutres de son ciel sous les heurtements des flammes... puis ses yeux sans lumière se sont fermés, ses membres se sont amollis, sa poitrine oppressée a exhalé un soupir immense qui disait : Enfin la pêche est ouverte !... Et le garde champêtre a ronflé.

*
* *

Au Bouchon de l'Écluse, au Petit Chapeau, au Rendez-vous de la Marine, les servantes à peine vêtues, les cheveux, l'œil et la gorge au vent, viennent, crient, apprêtent les tables, placent les faïences à fleurs, essuient les verres, courent de la cave au grenier, trinquent avec celui-ci, embrassent celui-là, et chassent les rouliers galants qui ne veulent pas comprendre que la pêche est ouverte.

La friture grince, la matelotte bouillonne, le vin coule, le patron chante, la patronne ronfle et le sommelier se soûle.

* * *

Il est six heures lorsque nous rentrons : notre table est servie. Bravo! Madelon, bien placée la table!

Dans la cour, sous la vigne, la cuisine à droite, l'étable à gauche, les prés derrière et l'Oise devant!

Pour le ventre la matelotte... pour la gorge le vin raide... et pour le nez la cuisine, le fumier, les foins et l'eau!

XXIII

UN DIMANCHE D'OUVRIER

Toute la semaine, Jacques s'est levé à l'aube; par le vent, la neige ou la pluie, à la lueur pâle de la lune fuyante, il a gagné l'atelier.

La bise collait sa cotte mince sur ses jambes nerveuses.

Du matin au soir, il a écrasé avec le marteau le fer rouge sur l'enclume, quittant la forge pour l'étau et l'étau pour la forge!

Il est rentré chaque soir las, épuisé, fourbu, il ne s'est jamais plaint; toujours il a donné à sa ménagère le baiser loyal de l'homme qui aime; il a désiré le dimanche, pas pour paresser, oh! non.

Il l'a désiré pour mener promener sa Jeanne tout un jour, pour aller manger avec elle un coin du double louis qu'il a gagné avec sa sueur,

— le sang de ces autres soldats dont le champ de bataille est l'atelier.

*
* *

Dimanche est venu avec son auréole de soleil.

Lorsque le réveil du coucou a grincé, il s'est éveillé, d'abord inquiet, puis il a souri... il s'est souvenu que ce jour il avait à lui la grasse matinée.

Jacques a voulu se rendormir, mais l'habitude féroce lui a tenu l'œil ouvert ; il s'est couché sur le côté droit, sur le côté gauche, sur le dos, il a enfoncé sa tête sous l'oreiller... Rien !

Il s'est tourné, retourné, s'est tordu dans son lit dur ! Rien !

Jeanne, impatientée, a dit :

— Si tu ne dors pas, laisse dormir les autres !

Jacques est marié depuis quelques mois ; il adore sa petite femme, et il dit :

— Pauvre petite chérie ! quel brutal je fais !

Il se lève. Crânement alors, et en deux temps il donne un coup de balai et de plumeau au ménage.

— Quand Jeanne se lèvera, pense-t-il, elle n'aura qu'à passer sa robe, et nous partirons faire un tour à Charonne.

C'est dans le sang, ça : il faut qu'il travaille, Jacques.

Il prend l'éponge et lave par terre; il brosse les hardes et les chaussures. Quand il flanque sa grosse main noire dans les petites bottines de Jeanne, ça le fait rire.

— Peut-on avoir des pieds comme ça?

*
* *

Jeanne s'est éveillée en l'entendant rire.

— Chut!

Sur la pointe des pieds — nus, s'il vous plaît! — il va jusqu'au lit.

— Qu'est-ce que tu dis donc?

— Rien, ma mignonne!... dors...

— Mais que fais-tu?

— Je donne un coup de torchon à notre petit ménage pour que, sitôt levée, on puisse vite aller courir les champs.

— Gros Jean-Jean, va... embrasse-moi. Je vais me lever.

— Pas du tout! pas du tout! tu vas rester là, c'est dimanche, c'est moi qui fais le marché.

— Fais pas de bêtises.

— Y a pas de bêtises! je prends la boîte au lait... et j'apporte du chocolat à madame la duchesse.

— Voyons, Jacques...

— Taisez-vous.

Et les lèvres du forgeron font joyeusement sonner un baiser sur les joues roses de Jeanne.

— Tiens, fait-elle, lui rendant son baiser, je t'aime!

Jacques descend; pendant les quatre étages, sa voix résonne:

Les forgerons
Sont des lurons
Qui ne craignent ni dieux ni diables;
Mais quand ils sont
Près d'un tendron,
Faut voir comme ils sont
Aimables!

Il va chez la laitière, chez le boulanger.

— Du pain de gruau, et au beurre: c'est pas tous les jours dimanche.

*
* *

Il sort et rencontre un ami, un camarade d'atelier.

— Te v'là?

— Te v'là?

Les mains se serrent à éclater: deux étaux.

— Un coup de vin blanc, Jacques?

— Ma foi, pour tuer le ver.

C'est rude, la gorge d'un forgeron; toute une

semaine la fournaise l'a séchée; il y a là le commencement d'un incendie, ce n'est pas un verre qu'il faut pour l éteindre.

On boit une, deux, trois bouteilles; d'autres amis ont passé devant le cabaret et on les a appelés. On cause de l'atelier, des anciens...

Tout à coup, Jacques se souvient: Jeanne l'attend!

Il presse la main des amis, prend la boîte au chocolat, le pain de gruau et va sortir, quand l'un dit en riant:

— Qu'est-ce que t'as là?

Jacques est un peu embarrassé d'abord; cependant, il dit:

— C'est le déjeuner de ma femme.

Tous éclatent de rire. Jacques est tout confus.

— C'est donc toi qui fais le marché?

— Est-ce que tu raccommodes le linge?

— Fais-tu la cuisine?

— Veux-tu une place de femme de ménage?

— Ta femme t'aide-t-elle à faire le lit?

*
* *

Jacques est fort, il est bon; pourtant son front s'est plissé. Jacques n'aime pas qu'on se moque de lui... Pour éviter une affaire, un des amis le prend à part et lui dit:

— Écoute, ma vieille, c'est un ami qui te parle. Tu aimes ta femme, tu fais ça pour lui être agréable... c'est gentil!... mais c'est pas bien de la part de ta femme de te le laisser faire... ça te rend ridicule.

— C'est moi qui ai voulu le faire.

— Ça ne fait rien : elle ne devrait pas te le laisser faire...

— Ne me dis pas ça!

— Tiens, buvons un coup... et puis j'ai rien dit... moi, je disais ça pour toi... sans ça, vois-tu?... A la tienne, mon vieux Jacques.

Jacques boit, boit, boit... il est sorti de chez lui à huit heures du matin; deux heures sonnèrent lorsque, titubant, le front traversé d'un pli rude, les lèvres serrées, la main crispée sur l'anse de la boîte au lait, il grimpe ses quatre étages.

*
* *

Jeanne s'est levée sitôt son mari dehors; elle a vivement fait sa toilette, elle a tiré de la commode : la redingote, le pantalon blanc et la chemise bien repassée, elle a tout placé sur le lit, s'est regardée dans la petite glace, et elle a attendu... une heure, deux heures, elle est devenue triste... elle a ouvert la fenêtre et a attendu encore une heure.

Alors elle est rentrée et elle a pleuré!

Une heure après, elle a retiré son petit bonnet à rubans, son châle. Ses larmes se sont taries et sa poitrine s'est gonflée de sanglots. Une heure encore, et...

La porte s'est brisée sous un coup de poing...

Jacques est entré; il a jeté aux pieds de sa femme la boîte au lait, il a pris sa Jeanne par le bras, et, la secouant, il a dit :

— Ah! ça, pour qui me prends-tu, toi, faignante?... Est-ce que tu crois avoir affaire à un Jean-Jean?

Jeanne a reçu des coups... elle n'a plus pleuré!

* * *

Braves gens, les amis! Aussi, maintenant, Jacques est le pilier du cabaret que vous voyez les dimanches et les lundis à la barrière...

Et Jeanne... ce n'est plus Jeanne!

XXIV

OH! LES CHAMPIGNONS!

Tous les journaux ont reproduit ce fait :

« Hier, une famille tout entière a été empoi-
« sonnée par les champignons. »

Ces deux lignes ne vous font aucun effet, vous?...

Si vous saviez ce qu'elles me font, à moi! Au reste, jugez-en; voici l'affaire.

***

J'étais allé passer la belle saison à Bade; désœuvré comme un Parisien à l'étranger, je me liai avec un artiste toulousain, ancien ténor, joueur malheureux, mais admirateur passionné du baron Brisse.

Plusieurs fois, j'allai m'asseoir à sa table et

je partageai avec lui son plat favori : les *cèpes.*

Non seulement il cuisinait, mais encore il allait lui-même couper les champignons dans les bois environnants.

Bousquet, — c'était son nom, — avait une réputation établie de fin champignonniste; personne n'hésitait à manger les champignons récoltés par lui.

*
* *

Un soir, sortant du jeu, je rencontrai Bousquet; il portait sur l'épaule un sac obèse.

— D'où viens-tu ?

— Eh ! tu lé vois pas... que je viens de champignonner.

— Sont-ils bons, au moins?

— C'est qué t'en veux, l'é petit ?

— Je crois bien, si c'est possible!

— Eh! bête, qué tu lé demandes pas!

Et me donnant le sac qu'il portait sur l'épaule:

— Va-z-y, lé petit... et tu té lécheras la barbe.

— En viendras-tu manger?

— Si qué jé peux... Bête, j'ai vu un endroit et i'y retourne demain.

Je le quittai, et, tout joyeux, j'allai prier quelques amis de venir le lendemain partager avec moi le plat de cèpes à la bordelaise.

*
* *

Dès le matin, Baptiste, le grand niais qui me servait de domestique, et qui, pour cette fois, était devenu cordon-bleu, avait allumé les fourneaux. Enveloppé d'un nuage parfumé, il confectionnait les éléments du festin.

Ses narines immenses humaient la fumée, sa bouche lippue tendait les lèvres, et, n'eût été le bouillonnement de l'huile qui rissolait l'ail, il aurait trempé son doigt dans la sauce de notre plat.

Aux cris de mes invités, je m'éveillai.

*
* *

Vous la connaissez, n'est-ce pas, la sensation douce que l'on éprouve au réveil, lorsque la cuisine embaume la chambre, lorsque la porcelaine et les cristaux scintillent sur la nappe blanche, lorsque le soleil miroite dans les carafes de meursault, lorsque les amis crient : A table ! et que l'estomac crie : J'ai faim !

Ah ! je fus vite debout.

Le coucou chantait midi quand mes amis et moi nous nous mettions à table.

Les olives, les salicoques, les anchois et les radis disparurent vite, et le silence se rétablit, un silence profond ; les estomacs anxieux attendaient le plat solennel, les yeux fouillaient la porte, guettant l'instant où les *cèpes à la bordelaise* allaient paraître.

Quand Baptiste entra, un toast formidable retentit :

— Ah ! ça, Baptiste... vous n'avez pas tout fait cuire?

— Mais si, monsieur.

— Il en manque plus d'un tiers?...

— Ça s'en va en vapeur, monsieur! fit Baptiste en rougissant.

On rit, et la fourchette grinça sur les assiettes.

Maintenant, franchement, je vous assure que de ma vie je n'ai donné à mon appétit gourmand pareille satisfaction.

Si mon domestique n'avait pas si vivement disparu, on l'eût assurément obligé à se mettre à table. Ce n'était pas un succès, c'était un triomphe.

Comme Bousquet avait été prodigue, les cèpes bordelais suffirent au déjeuner, le meursault coula largement, et, ma foi, lorsque vint l'heure du café, la joie était sur les fronts, la chanson courait sur les lèvres.

On appela Baptiste. Il parut souriant, les lèvres grasses, promenant parfois jusqu'au menton sa langue immense. On lui porta un toast, deux toasts, trois toasts, on le fit trinquer et boire, et lorsque sa paupière devint trop lourde, lorsque ses jambes tremblèrent, on le pria de regagner ses fourneaux.

Il obéissait titubant, lorsqu'on heurta à la porte. Baptiste alla ouvrir.

* * *

Un bambin essoufflé entra.

— Que veux-tu ?

— Monsieur, je viens de la part de M. Bousquet.

— Pourquoi faire ?

— Pour vous dire que vous ne mangiez pas des champignons.

— Hein ! fit le chœur, pourquoi ?

— Parce qu'ils sont mauvais !!!

Baptiste tomba raide, mes amis se levèrent pâles... moi, j'enfonçai mes ongles dans ma poitrine, où je sentais déjà le poison me dévorer.

* * *

On releva Baptiste ; bon gré, mal gré, on l'obligea à courir chercher du lait.

Nous nous regardâmes tous ; nos lèvres n'avaient plus la force d'articuler un mot. Nous nous embrassâmes pour nous donner l'adieu...

car, nous le savions, les cryptogames ne pardonnent pas.

Et nous retombâmes sur nos chaises, anéantis.

Baptiste revint; il était vert. Tous à la fois, nous nous jetâmes sur lui, décidés à lui arracher le pot au lait... Ses mains étaient vides?. .

— Eh bien! et du lait?

— Y en a plus! pleura le malheureux.

Si j'en avais eu la force, oh! je l'aurais embrassé, le brave garçon! Comme il m'aimait! Il pleurait, lui, et sur moi, assurément!

*
* *

— Voyons, fis-je, mon ami, — car il me fendait le cœur, ce fidèle serviteur, — tout n'est pas perdu; cours chez le pharmacien.

Baptiste avait oublié cette dernière planche de salut; il n'y courut pas, il y vola.

Quelques minutes après, il revint, l'œil vif, la bouche riante, le bras levé, brandissant une fiole.

Trop essoufflé pour pouvoir parler, il hoqueta:

— Messieurs... boire... ça;... une... une petite cuiller... à café... un verre d'eau.

Les naufragés, préparant la chaloupe de sauvetage, sont moins silencieux et moins prompts que nous ne le fûmes.

Mes amis burent d'abord; j'étais l'hôte: je

devais, comme le capitaine du navire, boire le dernier... je bus.

*
* *

Baptiste, qui nous regardait les bras tendus, le corps tremblant, l'œil rivé sur la fiole... s'avança vers moi suppliant...

— Monsieur ?

— Quoi, mon ami ?

— Une grâce !

— Tu veux m'embrasser ?... Brave nature !...

— Non, monsieur !

— Hein ?

— Monsieur... les champignons !...

— Eh bien ?

— J'en ai chipé, monsieur, et je les ai mangés.

Et les bras du malheureux tombèrent le long de son corps.

Je ne pouvais pas rire. Je tendis la fiole au pauvre garçon.

Il en but six cuillerées ; il en aurait bu sept si le flacon n'avait été vide.

*
* *

Le soleil était toujours là, scintillant sur les cristaux, nous narguant de ses rayons gais, illuminant la chambre et faisant grimacer les têtes des tapisseries.

Nous sentions bien que le remède que nous venions de prendre devait prolonger, mais non sauver notre vie.

Tout à coup Baptiste hurla... ses mains se portèrent sur ses entrailles... il voulut marcher, mais les douleurs l'obligèrent à s'asseoir... Allons! c'était fini... la première victime allait rouler à nos pieds...

On frappa, j'ouvris.

C'était Bousquet qui entra, gai, riant.

J'allais lui sauter à la gorge.

*
* *

Mais tranquille, placide, il dit :

— Eh ben! qué c'est donc?

— Tu le demandes, brigand! empoisonneur!...

— Té... qué tu dis?

— Je dis que ce n'est pas à midi qu'il fallait nous prévenir que tes champignons étaient vénéneux!

— T'es bête! Si Bousquet sé trompe!... Jamais, mon petit. Les champignons, ils sont meilleurs que toi!

— Hein?

Et tout le monde se leva... même Baptiste... mais le corps courbé et la main sur le ventre.

— Jé té envoyé dire qué les champignons ils étaient mauvais.

— Eh bien?

— Parcé qué ils étaient plus frais... et qué cé matin j'allais en chercher des *neufs*.

C'est curieux ! tout le monde fut guéri... moins Baptiste, qui, par l'abus du contre-poison, en eut pour un jour.

*
* *

Et si vous lui demandez maintenant s'il se connaît en champignons, il vous répondra :

— Oui, monsieur.

— Et comment les reconnaissez-vous?

— Oh ! c'est bien simple : vous en donnez à un ami.

— Et puis?

— Vous revenez le lendemain; s'il est mort, n'en mangez pas.

XXV

LA DAME SEULE

J'ai lu hier dans la presse timbrée... (vous savez, monsieur, que je suis trop honnête pour faire un calembour)... dans la presse timbrée, dis-je :

« La préfecture de police vient d'interdire aux *dames seules* le séjour des cafés pendant les nuits de bal. »

Avant qu'elles disparaissent, les *dames seules*, voulez-vous me permettre de vous en présenter une?

*
* *

Huit heures sonnent à la pendule en zinc doré du concierge de son hôtel garni, elle quitte sa chambre et descend la rue des Martyrs pour gagner le boulevard.

Sa robe de soie grince en balayant le trottoir,

sa taille joue dans le velours de son manteau bordé de fourrure, sa figure est grillée par un voile noir, son pied est fin, cambré... pied de Parisienne.

Elle marche vite, vite, pressée d'arriver à son café... son café, c'est celui que vous voudrez, du boulevard Montmartre au boulevard des Italiens.

Elle est arrivée... alors elle change d'allure, la *dame seule!* Droite et fière, l'air arrogant, clignant de l'œil pour embrasser d'un coup les gens qui l'entourent, elle gagne sa table, celle qui est placée sur le devant de la terrasse, et sur laquelle elle consomme chaque soir...

La dame seule appelle le garçon par son petit nom.

— Polyte, un bock!

— Un bock-terrasse... un!!!

*
* *

Elle est assise devant le verre au long col où la bière pétille... Son voile se lève... Quel âge a-t-elle?

Devinez:

Ses joues d'un blanc mat et épais ont des pommettes roses, ses lèvres d'un rouge criard sont lippues, sans vigueur et déprimées aux coins, ses yeux verdâtres roulent dans leur orbe sans jeter d'éclairs, ses paupières lourdes, ombrées, sont bordées de noir comme les lettres de deuil, ses sourcils et ses cils, qui sont noircis au cosmétique, en gardent encore les traces, et sa chevelure, arrachée au crâne d'une morte, tombe en anneaux gras sur la céruse de son front...

A dix pas, c'est un ange... à deux, c'est un monstre... et, si près qu'on la regarde, ce n'est jamais une femme!

Ses doigts blancs et longs ont l'extrémité jaunie par le tabac, et quand ses lèvres quittent la cigarette, c'est pour donner un baiser à la bière blonde

Chaque fois qu'un homme tourne ses regards vers elle. la *femme seule* répond par un gracieux sourire.

*
* *

Neuf heures!!! la dame seule est encore là... souriant aux passants.

Dix heures!...

Onze heures!... elle est là, toujours, toujours là avec son éternel sourire.

Minuit!!!

Les théâtres se ferment, la foule s'éloigne, sur la chaussée du boulevard, on voit de loin en loin, s'avançant ou s'éloignant dans la nuit, des pataches immenses... monstres aux yeux verts ou rouges qui portent sur leur dos des hommes grelottants... Des chevaux-ombres qui, titubant sur leurs jambes sèches, traînent des véhicules gémissants, sur lesquels dodelinent d'affreux automédons... et des conscrits avinés jetant à la nuit leurs chants éraillés...

Un gros monsieur s'avance, ses breoqules sonnent sur son ventre obèse; la *dame seule* sourit, sa prunelle brille...

Le monsieur passe...

La flamme de l'œil, les fossettes des joues, la tension des lèvres, le sourire enfin... le sourire s'éteint d'un coup et la bouche crie :

— Polyte, un bock!

*
* *

Deux heures!...

Le boulevard est désert... les arbres étendent dans le vide leurs branches épileptiques, et le gaz qui danse dans les reverbères jette ses reflets sur les kiosques noirs.

De temps en temps passent de longs hommes coiffés de képis et couverts de lévites, des épées battent leur flanc! peut-être sont-ce des ombres de guerriers qui regagnent les Champs-Élysées.

On entend du bruit, des grelots... C'est un chicard mis à la porte du bal de l'Opéra.

La dame seule lève la tête... elle sourit.

Mais le chicard est triste; il passe sans lever les yeux... il passe !

D'un coup le sourire s'éteint, et la bouche crie :

— Polyte, un bock !

*
* *

Quatre heures !...

C'est l'heure où, si revenant du cercle ou de chez madame Charbonneau, vous dirigez vos regards étourdis sur les vitres embrasées de Brébant, madame, il vous tombera sur le nez — une sauce blanche ou un quartier de daim... vous, monsieur, sur la tête une bécasse ou un homard, les pattes tendues !...

C'est l'heure où le *Royal-plumeau* commence ses manœuvres sur le macadam et jette à l'aube naissante ses nuages de poussière.

Dans les nuages, un homme :

Son paletot est limé, son linge est douteux, sa cravate est dénouée, sa casquette penche sur sa chevelure ébouriffée ; il écrase sous son bras une botte de fleurs achetées à la Halle, et qui doit être pour son épouse l'excuse de sa nuit d'orgie...

C'est un ouvrier en goguette.

La *dame seule* incline la tête et sourit... l'ouvrier passe, il passe encore !!!

Le sourire s'éteint pour crier :

— Polyte, un bock!

*
* *

Cinq heures!

L'heure des hiboux de Paris... Gens sans aveu, au teint pâle, aux yeux caves, aux lèvres sêches... les gouailleurs de la dame seule.

Elle sent le danger, sa tête se penche et son œil se rive sur la table où s'étalent la blague béante, le carnet vide et les quatre verres...

Quatre bocks! le précipice qu'il faut combler pour partir... Déjà le jour jette sa teinte bleuâtre sur les longs boulevards, le rouge et le blanc se gercent sur la peau, pour tomber en écailles... il faut partir.

— Polyte!

La dame seule se penche et parle à l'oreille du garçon... c'est lui qui sourit cette fois. Il dessert la table sans rien réclamer.

Elle est debout et va partir.

*
* *

Les ombres des guerriers repassent encore... L'une d'elles s'arrête, sa main s'appuie sur l'épaule frissonnante de la dame seule et sa voix grave dit :

— Suivez-nous !

*
* *

Boulevardiers, vous ne la verrez plus ; j'ai lu hier :

« La préfecture de police vient d'interdire aux dames seules le séjour des cafés pendant les nuits de bal. »

XXVI

LES LAPINS DE CIMETIÈRE

Il est quatre heures du matin; je sors du bal de l'Opéra, mes oreilles tremblent encore sous les vibrations de l'orchestre de Strauss. Mon concierge s'éveille en maugréant, et, par le *vagistras* (comme il dit) sa main me présente une lettre arrivée le soir.

Voici ce qu'elle me dit :

« Cher monsieur,

« J'ai fait une chasse superbe; seriez-vous assez aimable pour venir, ce soir, goûter de mon gibier... C'est un gibier nouveau que je veux vous recommander.

« Nous comptons sur vous... poignée de main.

« POUTARD.

» Marbrier entrepreneur de tombeaux, — au *Je t'attends là-haut*, — boulevard Charonne. »

En sortant de l'Opéra... brrrr!

*
* *

Bref!... Le beffroi de la prison de la Roquette jette huit heures au vent lorsque je paie mon cocher.

J'entre au *Je t'attends là-haut*...

Dîner splendide, convives sérieux :

Deux employés des pompes funèbres, un fabricant de cercueils, un gardien du cimetière et trois confectionneuses de couronnes.

Le dîner fut très gai, ma foi... Dès qu'il est fini, les dames causent entre elles, les hommes s'oublient dans la fumée de leur cigare, et mon hôte vient à moi :

— Mon cher, fait-il, que dites-vous du dîner ?

— Mais très bon!

— Et mes lapins?

— Le baron Brisse en rougirait.

— Et connaissez-vous cette race-là?

— Pardi! quelle plaisanterie... Des lapins de garenne!

— Allons donc, farceur! Je ne vous aurais pas invité pour ça ; ce sont...

— Quoi?

— Des lapins de cimetière!...

* * *

Je l'avoue, à ma gloire ou à ma honte, j'ai un estomac qu'envierait un dromadaire... Cependant, cependant...

Lapins de cimetière!...

C'est-à-dire que chaque matin les mammifères qui ont ma poitrine pour sépulture, rongeaient les tiges de cyprès, les racines d'immortelles, et, qui sait, peut-être des coins de cercueil!...

On a beau être d'une constitution robuste, une révélation semblable amène toujours dans l'organisme un certain trouble...

Mais bast, ma pâleur... mon regard effaré ne révèlent rien à mon hôte, car il continue :

* * *

— Oui, mon bon, des lapins de cimetière!... D'où viennent-ils? De Romainville? de Charonne? de Bagnolet? je l'ignore... Toujours est-il que depuis le jour de la fermeture de la chasse, le Père-Lachaise est envahi par ce rongeur... Chaque soir, les gardiens tendent des collets, et, le matin, les lapins dorment étranglés sur les parpaings des monuments... c'est-à-dire que l'ombre d'Abélard peut croire que des amants heureux viennent chaque nuit sacrifier une gibelotte sur son mausolée... C'est une chasse curieuse à coups de pierre, à coups de canne. Êtes-vous homme à vous lever matin pour voir ça !

— Je crois bien !

— Eh bien! demain matin.

— C'est entendu !

Mon hôte est l'inventeur de cette épitaphe :

« Il laisse ici-bas des regrets... et une fortune qui a permis de lui élever ce monument. »

C'est vous dire qu'il est gai... Chez lui, on chante toujours au dessert, et fort, je vous prie de le croire.

On chante et l'on boit... on boit surtout, si bien que les cerveaux déménagent, que trempant son biscuit dans la salière, le fabricant de cercueils fait les doux yeux... à une confectionneuse de couronnes ; que les employés des pompes funèbres accompagnent toujours un même refrain, en frappant les couteaux sur leurs verres, et que le gardien du cimetière chante l'*Eloge de la vie*, de M. Nadaud...

C'est même la quatrième fois que sa mémoire infidèle l'oblige à recommencer le couplet... lorsque le jour, filtrant à travers les rideaux, mon hôte me fait signe de le suivre; nous partons.

*
* *

Le cimetière est complètement perdu dans le brouillard des matinées d'hiver, c'est à peine si près de nous les mausolées se détachent dans la buée qui nous glace... Tout est silencieux, le sable crépite sous nos pieds et quelques oiseaux effarouchés se sauvent à notre approche.

Nous sommes entrés par la petite porte, nous avons suivi le chemin qui mène à la chapelle, puis, montant toujours, nous sommes arrivés au vieux cimetière encore boisé, lorsque mon guide me dit :

— Ne bougez plus ! voici un bâton... attention.

Il se glisse alors à travers les tombes et disparaît sous les cyprès.

*
* *

Le silence, les tombes et les croix à demi perdues dans le brouillard... les arbres noirs qu'aucun souffle n'agite... les petits jardinets avec leurs dessins de buis, et la grande idée de la mort planant sur tout cela !...

Je frissonne, mon cerveau s'emplit de souvenirs... Depuis combien de temps suis-je là ?...

Fruisfruisfruis...

C'est un poilu qui me passe dans les jambes.

Je sursaute...

Un autre, deux, trois... j'entends crier :

— A vous!

Alors la conscience me revient, je saisis mon bâton, je le lève et je manque d'assommer un beau gros lapin.

*
* *

— A quoi pensiez-vous donc? fait mon guide en revenant; vous les manquez et ils vous passent dans les jambes... c'est fini par ici, allons vite de l'autre côté.... Mais vite car c'est l'heure où l'on ouvre les portes, et le monde va venir.

Nous nous hâtons... tout à coup, à vingt pas devant nous, des cyprès s'agitent... Comme le vent est encore endormi, c'est au moins singulier; nous ne bougeons plus et nous guettons.

*
* *

Une blonde petite fille de huit à dix ans, pâle, chétive, grelottante dans sa pauvre robe d'indienne, s'est dressée, se glissant dans les sentiers qui séparent les monuments; nous la voyons se pencher devant certaines tombes, passer son bras entre les barreaux des grilles, puis cacher dans son tablier ce que sa main vient de prendre.

Que fait-elle ?...

— C'est une voleuse! dit le marbrier.

Nous la suivons, elle a quitté le sentier pour reprendre le grand chemin, elle marche vite, vite...

Enfin, elle s'arrête devant un terrain bossué, sur lequel est une croix ne portant qu'un nom et ces mots :

A MA MÈRE !

Alors, elle s'agenouille, puis ses mains lâchent les coins de son tablier duquel tombent :

Un bouquet et deux couronnes.

XXVII

LE DOSSIER N° 114

La chose s'est passée hier...

Pichard est un brave et bon garçon; à huit ans, on l'envoya à l'école; à dix, on le mit en pension; à dix-huit ans, il était bachelier, et à vingt-deux ans le gouvernement jetait dans ses poches trente écus par mois, en échange de quoi, au ministère de la justice, depuis dix heures du matin jusqu'à cinq heures du soir, il recopie en belle anglaise l'affreuse écriture de ses chefs qui sont quelquefois bacheliers et qui gagnent de neuf cents à mille francs par mois.

Pichard n'est pas heureux : donc il est poète, c'est-à-dire flâneur!...

On ne se souvient pas, au bureau, du jour où il arriva à l'heure.

Hier, comme les bourgeons passaient le nez par tous les nœuds des arbres, comme les giroflées encombraient les éventaires, Pichard se leva de bon matin, et son cerveau poétisant d'une façon inconvenante, il éprouva le besoin de griffonner un brin ce que la nature chantait en lui.

Le bureau étant là, plein de plumes et de papier, il y grimpa. Il était huit heures du matin !!!

Les points d'exclamation expriment l'étonnement des garçons de bureau en le voyant gagner sa place à pareille heure... il fut presque cause d'une émeute.

Horreur ! sur sa table se vautrait le dossier n° 114 ! dossier immense, ventru, obèse et taché de cette phrase affreusement écrite :

« A faire tout de suite.

« Conclure au maintien de la condamnation. »

Lorsque le jury se prononce sur une affaire, s'il s'ensuit une condamnation, il adresse au souverain la demande ou en commutation ou en maintien de la peine. La demande va au ministère, et un bureau spécial statue sur les considérations pour la renvoyer à qui de droit.

Quelle condamnation ? se dit Pichard. Il feuilleta et lut : la peine de mort.

Quand le renouveau glisse dans le vent et que la poésie envahit le cerveau... on peut bien pâlir en lisant :

« A la peine de mort ! »

C'est ce que fit Pichard : il pâlit, mais comme il avait du temps devant lui, il se dit :

— Voyons donc ça ! Voyons donc !

Il lut et voici de l'affaire le compte rendu succinct.

« Jean Bordier, cultivateur, âgé de trente ans, d'un caractère violent, père de famille, se trouvait aux champs avec son père et son frère, Antoine, âgé de dix ans.

« Un œillet de sa guêtre s'étant déchiré, il ouvrit son couteau pour percer un nouvel œillet.

« Antoine voulant jouer, et sans conscience du danger que pouvait courir son frère, le poussa...

« Bordier se releva mécontent et punit l'enfant d'une torgniole qui l'envoya rouler dans l'herbe.

« Le père, exaspéré de la brutalité de son fils aîné, le cingla d'une corde qu'il tenait à la main.

« Jean, furieux, perdu, riposta de la main... de la main qui tenait le couteau, et le malheureux père tomba éventré à ses pieds.

« Antoine cria : Au secours ! et Jean épouvanté de son crime, se sauva.

« Six jours le malheureux, presque fou, erra sans repos à travers bois et champs... puis enfin, conscient de lui-même, il vint se livrer à la gendarmerie. »

— Pitié ! disait le malheureux repentant et déjà puni par son crime.

— C'est un parricide! dit l'avocat général, pas de pitié!

— C'est un parricide! dirent les jurés, pas de pitié!

— C'est un parricide! conclut le rapport, pas de pitié!

— C'est un misérable!... un pauvre homme, dit Pichard, pitié!

Il repoussa le dossier, prit une belle feuille de papier blanc et chercha à la noircir des strophes qu'il avait rêvées le matin;... mais alors, devant ses yeux, se mit à courir un grand gaillard échevelé, l'œil terrible, qui déployait le compas de ses longues jambes nerveuses, pour fuir à travers plaines et bois. La sueur ruisselait froide sur ses joues brûlantes, se confondant avec ses larmes; sa poitrine se soulevait en bonds insensés; dans son haleine sifflante se glissait des mots incohérents :

— Père! père! pardon!... mon pauvre père, pardon!

Et il courait toujours, laissant aux ronces des lambeaux de sa chair sanglante.

— Père, père, je suis un misérable... un gueux... un assassin... un parricide... Pardon, père, pardon, pas pour moi, pour mes petits qui pleurent là-bas.

Et les branches des arbres lui frappaient la figure en la zébrant de teintes bleues.

13

— Père, père, c'est pour mes petits!

La grosse horloge du ministère sonna dix heures.

— Bigre! dix heures! fit Pichard, faut copier le rapport.

Les rapports ont une formule... et pour le refus et pour l'acceptation...

Tout plein d'émotion, il fouilla dans le tiroir, prit son modèle et, sans savoir ce qu'il faisait, il copia de sa plus belle écriture... un peu tremblée cette fois.

Sa besogne terminée, le rapport et le dossier n° 114 allèrent à qui de droit.

Toute la journée, — et elle lui sembla longue, — Pichard resta triste, rêveur, penché sur son pupitre et la tête cachée dans ses mains.

En sortant du bureau, ennuyé, sans appétit, il alla flâner dans un café, et machinalement il prit un journal du soir.

Tout à coup, son visage changea de couleur; il avait lu :

« La peine de mort prononcée contre Jean Bordier a été commuée en dix années de travaux forcés. »

Pichard s'était trompé de rapport : celui qu'il avait fait concluait à la grâce.

On avait, pour éclaircir la chose, désiré lire le dossier 114.

Pichard fut augmenté... il ignore pourquoi!!! et bonnement il vous dira :

— Moi, j'ai été augmenté parce que maintenant je suis au bureau à l'heure.

XXVIII

LA GRANDE IZA

La grande Iza du Casino, oh ! je l'ai connue bien avant vous, tenez :

Il pleuvait, j'étais entré pour me mettre à l'abri : *Au Rendez-vous des familles,* juste en face de la petite porte du cimetière.

Vous le voyez d'ici, le cabaret aux vitres chassieuses, derrière lesquelles se vautrent les volailles verdâtres et les rognons noirs, où le gargotier, tassé sur son abdomen, trône dans son comptoir terne, au-dessous de la panoplie de casserolles, et où tout se *vague* dans le nuage puant qui s'échappe des fourneaux.

Les croque-morts riaient, hurlaient, chantaient et buvaient dans la salle basse ; moi, triste, boueux, mouillé, accoudé sur la table grasse, je cherchais à me chauffer avec je ne sais plus quel breuvage fétide.

Une jeune fille entra dans cet enfer, et d'un regard prompt, sondant tous les coins de la salle, elle vint s'asseoir devant la table où j'étais déjà... Puis, se débarrassant de son pardessus et de son chapeau mouillés, elle commanda son repas.

C'était une très belle enfant, bouche fraîche, joues roses, yeux bleus, nez fin et cheveux blonds... tout cela dans dix-huit ans. . . . .

. . . .

Ce que je lui dis, ce qu'elle me dit? est-ce que je le sais maintenant.

Nous partîmes ensemble, et je serais bien embarrassé de vous dire, — le long du chemin, riant de la boue qui l'obligeait à trousser sa robe humide, laissant voir sa jambe fine et son pied petit, — ce que nous échangeâmes de baisers.

Nous étions joyeux... nous aimions, nous riions, nous étions gais, gais, ah ! mais bien plus gais que les croque-morts que nous venions de quitter.

J'étais heureux de ce rayon que j'avais pris dans l'ombre ; il est des heures où l'on aime à cueillir des fleurs sur les tombes.

Et lorsque je lui demandai, à la rieuse enfant, qui l'avait amenée près du cimetière, elle me dit :

— Je revenais de l'enterrement.

Alors je remarquai qu'elle était en deuil ! . . .

. . . .

Quand derrière elle j'eus tiré le verrou de sa porte, je la suivis à la lueur vacillante de la bougie qu'elle venait d'allumer. Oh! la jolie petite chambre... des petits rideaux blancs, des meubles à housses blanches, des tableaux de sainteté, des portraits de parents, et des fleurs, des fleurs partout . . . .

Quand le coucou cria minuit, elle me dit :

— Nous n'avons presque plus de bougie.

— Je vais descendre en acheter.

— Non; il y en a dans *sa* chambre sur le carré, je vais en prendre une... viens avec moi, j'ai peur.

— Dans *sa* chambre... à qui?

— A ma mère.

— Diable! mais si elle est là!

— Pauvre femme, puisque je viens de l'enterrer.

. . . .

C'est de ce jour que je connais la grande Iza.

XXIX

LE PETIT BIJOUTIER

SOUVENIR DE 1851

Un soir d'hiver, il était un peu plus de sept heures, un temps humide, où les pavés sont glissants... Le ciel était sans étoiles et sans lune... un silence de plomb enveloppait Paris.

Les réverbères pendaient tordus et brisés au-dessus des boutiques, les voitures ne circulaient plus, et les rues étaient noires... noires.

Je n'étais qu'un enfant alors, je m'étais sauvé de chez nous pour aller *voir!*

En route j'avais rencontré un gamin de douze à treize ans; il était nu-tête malgré la brume, et le vent poussait sur ses membres maigres sa blouse humide...

Il portait en sautoir une chaîne de cuivre au bout de laquelle pendait une petite boîte en fer-blanc... la boîte dans laquelle il allait porter les bijoux au contrôle pour son patron... car c'était un apprenti bijoutier.

*
* *

En me rencontrant il m'avait dit :

— Tu viens pour *voir?*

— Oui.

— Viens avec moi, je sais où.

Il avait appuyé son bras sur mon épaule, et sifflotant il m'avait guidé.

D'abord nous avions suivi la rue Rambuteau; là, nous avions pris la rue Beaubourg, et enfin nous étions arrivés entre la rue Transnonnain et la Voûte-au-Maire. Il m'avait pris le bras, et joyeux il m'avait dit :

— Écoute!

Un bruit sec et à intermittence égale me frappa l'oreille, c'était la pince qui mordait les pavés.

*
* *

La sueur me perla sur le front, et je sentis un frisson courir dans mes moelles.

Un moment, la flamme d'une torche traversa la rue... A sa lueur, je vis des hommes en guenilles qui arrachaient les pavés.

Le petit bijoutier me serra le bras et me dit :

— Viens!

Je le suivis... et, comme lui, je pris les pavés que je jetai sur la barricade.

Tout à coup un homme dit :

*
* *

— La troupe !

Il se fit un silence. On entendit le pas cadencé des soldats qui descendaient la rue du Temple.

Les hommes qui étaient autour de nous prirent leurs fusils... les chiens des batteries claquèrent sur les crans.

Et le petit bijoutier me dit tout bas :

— Sauvons-nous, on va se battre !

Il courut et se perdit dans la rue des Gravilliers ; moi, je pris mes jambes à mon cou et je me sauvais par la rue Rambuteau... Au moment où je tournais la rue, j'entendis le bruit de la fusillade ; je m'appuyais tremblant sur les volets d'une boutique...

A la fusillade succéda un silence affreux... silence que deux cris seulement troublèrent, mais deux cris terribles qui me glacèrent d'effroi...

Puis, bien au loin, les bottes des soldats sonnèrent sur le pavé et s'éloignèrent.

*
* *

Quand je fus maître de mon émotion, je courus chez mon père, je me blottis dans mon lit grelottant de fièvre...

Mais bast! j'étais jeune, et le sommeil vint vite m'apporter l'oubli.

***

Le matin, à six heures, j'étais debout. Il faisait à peine jour; avec ça, un brouillard qui grattait la gorge.

Je me glissai dehors, évitant que mon père me vît, et je courus à la rue des Gravilliers.

Je m'attendais à voir la rue dépavée et le sang coagulé.

Je m'attendais à voir couchés sanglants les hommes que j'avais vus debout la veille.

***

Rien!... la rue était déserte; les pavés étaient remis en place; pas de sang, pas de victimes, le silence et le calme du Paris qui dort...

Cependant, les murs et les volets portaient des déchirures de balles.

La porte de la boutique d'un marchand d'ouates était ouverte; la serrure pendait, ne tenant que par une vis... On sentait que la crosse d'un fusil l'avait enfoncée.

J'avançai curieusement la tête... la boutique

était vide... J'entrai et je vis quelqu'un étendu à terre... Je me baissai terrifié.

C'était le petit bijoutier !...

Il avait toujours son malin sourire, ses yeux étaient à demi ouverts, mais il était pâle, pâle, presque vert... il tenait d'une main sa boîte à bijoux. Je crus un instant qu'il dormait, et je lui dis :

— Petit bijoutier !

Il ne répondit pas.

Je mis la main sur son front... il était froid...

Alors seulement je vis que sa tête était comme sur un oreiller de sang...

« L'enfant avait reçu deux balles dans la tête ! »

XXX

L'AMI SOLEIL

Hier, l'ami Soleil est venu sans façon, dès l'aube, embrasant les vitres, crevant les rideaux, faisant joyeusement scintiller les cadres dorés que le temps a terni... incendiant la chambre, il a parlé de santé, de gaieté et d'amour.

Et, faisant miroiter sous ses rayons sa poussière d'or, il a dit au pauvre gars qui dormait sur son lit dur :

— Me voici, lève toi.

*
* *

Oh! c'est un généreux, le vieux père de la nature! quand il passe, il met l'or sur tout ce qu'il touche; sous son regard tout s'illumine.

Les vieux chênes noirs se garnissent de bronzes dorés, les portraits rient sous leurs cadres, les cheveux blancs s'argentent et les cheveux blonds se dorent.

*
* *

Le poète nous l'a dit :

Dans le salon, quand il regarde,
Il rajeunit les vieux tableaux,
Et fait chanter dans la mansarde
Les enfants avec les oiseaux.

Aimé et fêté, il est bienvenu partout, le vieux brûlant.

Au Paradis, comme sur erre,
On aime sa joyeuse humeur,
Il est bien avec Dieu le père,
Qui l'a fait son ambassadeur.

*
* *

Le pauvre gars! Il s'est senti revivre en recevant son heureuse visite; aussi, il a vite obéi, il s'est levé.

Si l'ami Soleil s'était contenté de jeter sa jeunesse autour de lui, il le bénirait.

Mais, le traître, le lâche, il lui a tapé sur le front... il lui a monté au cerveau... et...

Alors, le pauvre garçon, il a voulu boire un peu de cette athmosphère printanière... il a été, tout frissonnant de joie et de désir, courir par les rues et les boulevards encombrés...

*
* *

Mon Dieu ! qu'il les trouvait jolies !...

Les femmes qui faisaient chanter leurs robes de soie sur l'asphalte gris...

Pour fêter la venue du vieux *Soleil*, elles avaient quitté les fourrures et le velours. La taille enveloppée de dentelles transparentes, les cheveux pendant en anneaux sur les épaules, elles se promenaient souriantes sous l'or de ses rayons.

*
* *

Mon Dieu ! qu'il les trouvait jolies !...

Les petites ouvrières qui envahissaient le marché aux fleurs, marchant trois par trois, en taille, sans collerette, sans bonnet, exposant, — insoucieuses, — leur cerveau faible au feu turbulant du soleil de mars...

Bavardant, riant, jacassant, surtout agaçant les passants... et se grisant du parfum des premières fleurs...

Leurs poitrines, que l'air vicié de l'atelier oppresse, se dilataient sous les caresses du vieil ami.

*
* *

Mon Dieu! qu'il les trouvait jolis!...

Les petits bébés, qui dansaient en rond! qu'ils étaient roses et frais! comme on sentait bien la vie et la santé sur leurs faces joufflues!

*
* *

Quand le regard de l'ami Soleil dardait sur une maison.

D'abord, les rideaux se soulevaient un brin, un petit nez rose se montrait, une haleine tiède ternissait la vitre, un sourire achevait le tableau, et la fenêtre s'ouvrait.

*
* *

Les bancals et les boiteux mettaient leur canne sous leur bras, les goutteux offraient de jouer aux barres ; tout le monde riait, causait, chantait.

Il voyait, — lui que la pauvreté tient à la gorge, — s'agiter un monde nouveau, inconnu, où chacun tendait la main, où chacune tendait les lèvres.

*
* *

Oh! l'*ami Soleil*, quel grand décorateur!

Comme tout devient riche, beau, superbe sous son pinceau !

Fier, il marchait, le bohème, l'œil joyeux, la face épanouie, aspirant à pleine poitrine cet air de bonheur qui l'environnait, oubliant tout, et le passé et l'avenir, souriant à tous et à toutes.

Convaincu que le soleil, qui rajeunit et embellit tout, lui accordait ses faveurs, il était grisé par sa chaleur et marchait, marchait l'œil rivé sur un point lumineux que son regard avait peine à soutenir.

*
* *

C'était encore l'ami Soleil qui, orgueilleux, dardait, pour les répercuter, ses rayons sur une glace immense.

Comme une allouette aveuglée, il avançait vers ce foyer éclatant, attiré malgré lui par ce feu froid.

Quand il fut devant la glace, il s'interposa entre elle et le soleil !...

Bon Dieu ! rougissant, il recula, honteux et confus.

Pauvre gas, qu'il était mal vêtu !

*
* *

Les hardes criaient misère, et le soleil qui

dorait les autres rougissait son chapeau, blanchissait son habit, dont les coutures montraient les fils, et dont l'étoffe chauve était luisante.

Oh ! traître soleil ! traître !

*
* *

Il s'en allait soucieux alors, pensant et se disant :

Il est de beaux tableaux qui veulent un riche cadre.

Des toilettes qui veulent de belles femmes.

Des fleurs qui veulent du soleil.

Des femmes qu'un rayon embellit.

Mais il est aussi des gens auxquels il faut l'ombre, et que la lumière montre, mais n'éclaire pas.

Ceci peut être une fable... Donc, à bon entendeur salut !

XXXI

LES VIOLETTES

Mentant à leur réputation de modestie, par les rues, les places et les boulevards, les violettes se font maintenant traîner en voiture découverte... ni plus ni moins que les camélias.

Les prodiges, elles laissent dans l'air un parfum doux, qui annonce la chanson heureuse du soleil et des fleurs.

*
* *

Jusqu'alors vous avez cru qu'il était seulement dangereux de cueillir la fraise !

Quelle erreur !

Les grands gars et les jeunes filles, pendant l'hiver, se rencontraient chaque matin dans les forêts, où ils allaient faire du bois mort.

Les jeunes filles se disaient, en regardant les gars du coin de l'œil :

— Oh ! il n'est pas beau, il a le nez rouge... les lèvres bleues... ses yeux pleurent... C'est moi qui n'en voudrais pas !

Et les gars se disaient en regardant les filles :

— Eh bien ! merci, elle a une taille ! c'est comme une tonne... et cette peau, elle est gercée comme une prune mûre... S'il n'y a que moi pour elle, en voilà une qui est sûre de coiffer sainte Catherine.

*
* *

Quand l'âtre n'a plus demandé de bois, et que les ceintures des Parisiennes ont réclamé leur petit bouquet, les mêmes gars et les mêmes filles se sont rencontrés cherchant dans la mousse humide la petite fleur parfumée.

Alors, le nez n'était plus rougi par la bise, le nez était rose, la bouche était fraîche, les yeux étaient vifs.

*
* *

Elle, elle n'était plus emmaillotée dans une limousine ; sa taille était svelte, sa peau était fine et transparente ; ses yeux étaient pleins de langueur.

On s'est souri, le lendemain on a causé, le

surlendemain les mains se sont rencontrées pour cueillir la même fleur...

Et dame! il a bien fallu, pour l'honneur du canton, que M. le maire mît un peu d'ordre dans ces affaires-là.

*
* *

A la ville, c'est un peu comme aux champs. C'est le premier cadeau, celui qu'on ne peut refuser, il ne prend sa valeur que de la main qui l'offre, le petit bouquet d'un sou.

Comme il n'est pas tapageur, il s'offre à toutes, à l'amie, à la femme et à l'amante.

Il n'a manqué à la violette que d'être le pendant vertueux des camélias.

Dumas fils a fait la *Dame aux camélias*.

Paul de Kock aurait dû faire la *Dame aux violettes*.

*
* *

La *Dame aux violettes* :

La petite grisette, joyeuse, en robe de laine l'hiver et d'organdi l'été, en bonnet de linge, les brides au vent.

Qui grimpe le dimanche à la barrière, pendue au bras de son homme, portant à sa ceinture son bouquet de violettes ; elle a des chansons plein les lèvres et de la gaieté plein son bon petit cœur.

Lorsqu'elle approche de ses narines roses son frais bouquet, un sourire éclaire son gentil visage.

*
* *

C'est la fille du peuple, mon Dieu! oui. Elle sait bien lire... à peine écrire... Quand elle écrit, elle met plus de cœur que d'orthographe, c'est l'excuse de ses *fautes*...

Elle pleure à l'Ambigu, elle pleure au Lyrique, elle pleure au Vaudeville, elle ne rit que devant Thérésa.

Dans sa chambre, sur sa cheminée, tenant lieu de candélabres, sont deux bouquets de violettes.

Sur son établi est un bouquet de violettes, et lorsqu'elle est de noce, c'est encore la violette qui lui sert de coiffure.

*
* *

Le dimanche, lorsqu'elle a brossé la redingote de son époux, c'est elle qui lui glisse à la boutonnière le petit bouquet aimé; grande chancelière, elle décore son homme et le fait... chevalier de l'ordre du Printemps.

*
* *

C'est par la violette que la saison nouvelle se

fait annoncer, c'est elle qui nous rend les bouquetières charmantes que l'hiver nous avait enlevées.

Et puis, c'est une consolatrice souveraine... Son parfum ne guérit pas, mais il aide à mourir doucement.

Je ne veux pas parler des barbares qui la font sécher pour servir aux infusions. Non!

Je veux vous parler des pauvres filles que la phtisie ronge... les belles pâles, aux yeux si brillants, auxquelles la misère a un jour déchiré les poumons, les pauvres vierges folles qui quittent un matin la chambrette du quartier latin pour le dortoir de l'hôpital.

Plus le mal enfonce ses griffes profondes dans es poumons de la victime, moins la malheureuse peut supporter les parfums, la moindre senteur agite ses nerfs et l'oppresse; il n'est qu'une chose que son odorat non seulement supporte, mais désire: c'est la violette.

* * *

Vous rappelez-vous la belle page de Mürger · Rodolphe, pour la dernière fois, va rendre visite à Mimi mourante à l'hôpital, lorsqu'il lui dit:

— Que veux-tu que je t'apporte, Mimi?

— Oh! rien... Je n'ai besoin de rien... Ah!

si, un bouquet de violette, mais n'oublie pas au moins.

Et quand quatre jours après il vint, apportant le bouquet, le lit était vide. Mimi était morte.

Finissons par une coutume moins triste :

Il est d'usage, dans certaines villes de France, lorsqu'une jeune fille revient de la communion, que ses amies de la communion dernière lui offrent un bouquet de violettes et d'oranger en lui disant :

— Et maintenant que vous êtes demoiselle... vos compagnes vous offrent le bouquet qui vous dit : Sois modeste et pure !

XXXII

OH! LES PETITS ENFANTS!

Toutes les commères étaient sur leurs portes et la regardaient avec mépris, les enfants avançaient vers elle leur petit museau sale... Les chiens allaient flairer ses jupes et revenaient en grognant... Les hommes indifférents disaient :

— Tiens, c'est la Jeanne !

Le soleil couchant empourprait le ciel, et la brise, qui avait effeuillé les lilas et les pommiers en fleurs, passait tiède et parfumée.

*
* *

Elle, — la Jeanne, comme ils disaient, — elle avait bien vingt ans... elle était pâle, ses cheveux mal peignés tombaient en mèches lourdes sur ses épaules, la misère avait creusé ses joues, et la honte, ce jour-là, courbait sa tête.

Un petit chérubin, yeux brillants, joues roses et les cheveux ébouriffés, se pendait à sa jupe et marchait en regardant derrière lui, il souriait aux morveux qui lui faisaient la grimace.

Ils étaient tristes à voir tous les deux, seuls au milieu de ce village vivant et de cette nature gaie.

Elle traversa le pays et s'arrêta devant la dernière maison du village... L'enfant la voyant heurter la porte alla au-devant des bambins qui les avaient suivis, les autres reculèrent d'abord, mais comme il avançait toujours en souriant, ils s'apprivoisèrent, les petits terreux, et l'on joua ensemble.

*
* *

La Jeanne avait heurté la porte..., un vieillard était venu, et reculant devant elle, il avait dit :

— Qu'est-ce tu veux ici ?

Jeanne s'était appuyée au chambranle de la porte pour ne pas tomber.

— Allons ! allons ! va-t'en, avait continué l'homme, sors d'ici, mendiante ; salis pas ma maison !

— Père ! avait supplié Jeanne.

— Va-t'en !... va-t'en !...

Mais la pauvre femme s'était avancée jusqu'à la table, et, le corps courbé, la tête basse, d'une main elle cachait ses yeux inondés de larmes, décidée à se faire chasser plutôt qu'à reculer.

***

— Père ! moi !... Est-ce qu'une mendiante comme toi est ma fille... Ma fille !!! J'ai eu une enfant que ma pauvre défunte adorait... C'était une bonne et belle fille pour laquelle nous voulions donner notre vie... Avant le jour, vent, pluie ou neige, nous allions forcer la terre à nous donner de quoi en faire une dame... Sitôt qu'en nous privant nous avons pu la retirer de l'école pour la mettre en pension... nous l'avons fait..., nous la voulions belle, et pour qu'elle le fût, rien ne nous a coûté, ni force, ni santé... Quand nous l'avons eu élevée, honnête comme son père, pure comme sa mère..., nous avons continué à nous sevrer, nous qui avions besoin de tout, pour lui gagner une dot qui lui donnât l'homme que nous lui voulions... Nous touchions le but... et quand avec la vieille nous rentrions le soir souper..., nous nous consolions en regardant l'enfant belle et digne de nous... Et, la... la gueuse... Un jour elle est partie avec un vaurien... Elle a fait rire tout le pays des gens qui s'étaient tués pour elle !...

Il y eut un silence, troublé seulement par les

sanglots de la Jeanne et par les cris joyeux des enfants qui jouaient au dehors.

*
* *

— A force de pleurer et de passer par tous les temps des heures sur la route pour voir si sa fille revenait, là vieille... a toussé... puis elle s'est couchée... et elle a voulu qu'on lui mette dans la main le petit bonnet brodé qu'elle avait fait pour la première communion de sa fille...

— Père... père... grâce!

— Pendant ce temps-là..., elle, la honte! quelle vie!... Les Parisiens qui venaient chez nous me disaient : « J'ai vu votre fille *au Bois* hier... »

— J'ai pas de fille!

— Mais si, père Coutaud..... votre petite Jeanne!... On la nomme Jeanne la Limande...

— Le premier qui me parle de cette fille, j'y ouvre le crâne avec ma bêche...

Alors j'ai plus osé sortir d'ici...; il me semble qu'on rit quand je passe... J'ai plus osé aller à Paris de peur que la fille qui m'accrocherait au coin d'une rue ne soit la mienne... Ma fille! allons donc, est-ce que j'ai une fille, moi?... Hors d'ici mendiante; oh!... et plus vite que ça.

— Père, grâce! grâce!

— Veux-tu t'en aller?...

Et l'homme prit la Jeanne par le bras pour la jeter à la porte, mais la fille se cramponna aux meubles...

— Pitié!... père!... pitié!

— Veux-tu t'en aller?

Et la lutte continuait.

*
* *

Tout rouge, moite de sueur, les cheveux sur les yeux, le petit entra dans la chambre aux cris de sa mère... De ses petites mains il écarta sa chevelure blonde et dit crânement au vieillard.

— Pourquoi que tu fais pleurer maman, puisqu'on dit que c'est toi mon grand-père?

Le père Coutaud lâcha Jeanne, et les yeux écarquillés il regarda l'enfant, muet, immobile, ne se rendant pas compte des sentiments nouveaux qui l'envahissaient... puis il voulut parler, mais il balbutia;... des larmes emplirent ses yeux... et pour les cacher, il embrassa et l'enfant et la mère!

XXXIII

LE RENOUVEAU

C'est maintenant une affaire entendue! La nature fait gercer les écorces, les bourgeons crèvent les troncs noueux, les champs verdissent sous les feuilles mortes que l'herbe naissante soulève, et la violette embaume.

Il court sur le squelette des arbres un souffle qui les agite; le soleil de mars jette sur eux ses rayons brillants, les oiseaux chantent, les lapins et les lièvres timides sortent de leurs terriers.

Plus de plomb à craindre, la chasse est fermée.

Et le renouveau fait pousser jusque sous leurs museaux gris le trèfle parfumé.

C'est le printemps!

*
* *

Ils se sauvent vite, les frileux enfants de la

saison glacée, ils se sauvent, emportant avec eux les nez rouges, les engelures, les rhumes et surtout l'ennui, le compagnon éternel des tristes jours d'hiver

Les marchands de marrons se brûlent les doigts en emportant leurs fourneaux et leurs poêles, ils fuient devant la bouquetière qui vient toute parfumée, la gaieté au cœur, le sourire aux lèvres et la fraîcheur aux joues, transformer leur niche enfumée en une jardinière resplendissante.

Elle glisse à la ceinture des jeunes filles ses bouquets blancs.

Et à nos boutonnières ses bouquets de violettes.

Qui de nous oserait repousser sa main?

C'est le printemps!

*
* *

Il s'est levé ce matin avant l'aube... à l'heure où l'horizon est gris, où les champs sont perdus dans le brouillard.

Il s'est hâtivement vêtu de sa cotte et de sa blouse bleue.

Il fait sa toilette à la lueur de la lune fuyante.

Frissonnant, soufflant dans ses doigts, il court gagner sa journée...

La bise glace son front hâlé, son haleine fume, ses pieds presque nus s'enfoncent dans la terre fraîchement labourée, sur laquelle sa main large jette l'avoine future.

Au matin, la bruine le transperce et va jusqu'aux os geler ses moelles...

A midi, le soleil de mars lui grille le cerveau, et le vent perfide colle sur ses reins nerveux sa blouse humide de sueur.

Au soir, la pluie des giboulées lui jette la mort sur les flancs.

Qu'importe!... Il faut! La nature commande :

C'est le printemps.

* *

Le soir, les vieilles femmes et les jeunes filles ne s'enferment plus dans la salle enfumée où se fait la veillée.

La salle au plafond zébré de solives, aux murs noirs, est nue.

Le sarment ne crie plus en flambant dans l'âtre; il n'envoie plus sur les faïences à coq bleu, sur les chaudrons scintillants, ses reflets fantastiques.

Les vieilles bavardent et tricotent aux portes, les jeunes filles sourient aux gars solides qui reviennent des champs.

Quand la diligence passe, les enfants courent sur la route, le postillon fouette ses chevaux, le conducteur joue du piston.

La grosse fille de l'auberge offre aux voyageurs ses sourires et ses verres de vin raide.

Clic! clac! Hue! oh! dia! Gare-là! Les chiens aboient.

On boit, on rit, on cause.

L'herbe naissante sent si bon!... la senteur rude de l'étable vous grise tant... qu'on veut revivre... Et pourquoi

Pardi! c'est le printemps!

*
* *

Par les champs nus, mais ensoleillés; par les bois secs, mais aux sentiers moussus; sur les bords des rivières qui coulent jaunes, mais rapides... ils s'en vont les rêveurs!

Elles s'en vont, les jeunes filles, débarrassées des lourdes draperies des hivers.

Leurs tailles souples jouent, gracieuses, dans la soie légère. Leurs cheveux abandonnés ondulent sous le vent embaumé.

Leur regard se perd dans le vague de l'horizon... Elles pensent, elles rêvent.

C'est le printemps.

*
* *

Eux, les gibiers de misère, les pauvres, ils pourront donc trouver un gîte à l'auberge de la belle étoile.

Les lits n'ont pas de draps de toile, ils sont de foin et de gazon... mais l'espérance sert d'amphitryon à cette auberge du bon Dieu.

Ils n'auront plus besoin de courir par les rues la nuit, le ventre creux, le cerveau plein de fièvre, sous la pluie, le vent ou la neige, cherchant, à la lueur des réverbères, dans les interstices des pavés, les dix sous qui leur permettraient de manger le soir.

Ils n'auront plus besoin de se sauver devant les agents, ils n'auront plus besoin, nouveaux Juifs errants, de marcher toujours... toujours, quand leurs jambes sont lasses, quand leurs pieds sont sanglants, — car on arrête les gens qui stationnent la nuit et qui ne peuvent déclarer leur gîte.

Ils ont maintenant l'herbe douce, ils ne craignent ni la glace ni la neige, le premier mur qui les abrite les garantit du vent.

Et puis, leur sang est plus chaud; avec les bourgeons l'espérance revient, avec le soleil leur avenir s'illumine.

C'est le printemps!

*
* *

Le soir dans les salons, les mains se pressent et les yeux parlent...

Dans les boutiques, les dots se discutent...

Dans les ateliers, les serments s'échangent...

Et les mairies sont encombrées... et les fleuristes en oranger sont sur les dents, et les fourneaux des restaurants pour noces et festins ne refroidissent plus.

*
* *

Enfin, on demande des témoins de bonne mine, des garçons d'honneur galants...

C'est le printemps, pardi ! et tous obéissent au chansonnier qui a dit :

> **Pour s'aimer l'hiver, il faut, mes enfants,**
> **Commencer au printemps.**

XXXIV

BONJOUR, AVRIL!

Enfin, vous voilà! Bonjour, monsieur Avril! Vous venez avec votre matin blanc de givre, avec votre midi plein de soleil, votre soir plein de rhume et votre nuit pleine de glace!

* * *

Bonjour, Avril!

Qu'importe! la jeunesse confiante en vous s'en ira en robe légère courir dans les bois chauves...

Les bons garçons qui croient au calendrier mettront leurs pantalons blancs...

Filles et garçons iront ensemble se geler les doigts dans les herbes sans fleurs, et s'arracher les mains aux murs rugueux pour aspirer le perfum âcre des giroflées sauvages.

Les hirondelles vont bâtir leur gîte dans les ogives gothiques des églises... et les moineaux vont construire leur nid dans le squelette des arbres...

Bonjour, Avril!

*
* *

Les enfants vont déserter la chambre humide, ils vont courir par les rues ou les champs... ils vont boire à la coupe du bon Dieu la vie dans le soleil.

Les graines qui dorment sous terre depuis l'automne vont crever leur cosse, la sève va jaillir et montrer son nez vert.

Les lilas vont pendre leurs grappes parfumées aux bosquets printaniers...

Comme des aristocrates, les pommiers vont se poudrer... O barbare Avril, vous pendrez votre grésil mortel à leurs fleurs pleines de promesses.

Mais qu'importe! je n'aime pas le cidre, et la vigne attend Mai pour montrer ses bourgeons!

Bonjour, Avril!

*
* *

Les maisons ouvrent leurs fenêtres.

Comme à Babylone, les jardins se suspendent; toutes les Jenny plantent des clématites, sèment des capucines et des poids de senteur sur les parpaings des croisées.

Avides de soleil, gentils oiseaux de misère, vingt fois par jour elles donnent aux passants leur honnête sourire.

Vingt fois par jour, elles abandonnent au vent printanier les brides de leur bonnet de linge; et de leurs doigts que l'aiguille a brunis, elles cherchent dans la terre la sève retardataire.

Le soleil dore leurs blonds cheveux, illumine leurs joues, et le vent pousse dans toutes les mansardes le refrain de leurs chansons joyeuses.

Bonjour, Avril !

*
* *

Le dimanche à l'église, quand l'encens fume, quand l'orgue joue, quand le prêtre dans sa chasuble dorée passe, jetant l'eau bénite sur le buis qui embaume, les enfants se courbent, tendant vers lui le rameau sacré. Puis, mère et enfants, — croyants heureux, — attachent à la flèche du lit ou au cadre du portrait de celui qu'on aime, la branche qui doit toute l'année apporter le bonheur dans la maison.

C'est toi qui leur donnes la foi, à eux !

Bonjour, Avril !

*
* *

Les jours où l'on allume les cierges dans les

églises autour du Christ en cire, les femmes qui croient vont s'agenouiller et baiser les plaies du crucifié.

Pendant ce temps, les hommes sont aux champs.

Les charrues éventrent la terre, dans les sillons les grains tombent; les vignerons taillent les vignes; les horticulteurs taillent les arbres... les maraîchers arrosent dans les serres...

Et les enfants vont gagner le pain de la famille, en cueillant les violettes dans les bois et les giroflées sur les murs.

Bonjour, Avril!

* * *

Les Parisiens vous aiment, Avril! vous leur amenez les violettes, les giroflées, les lilas et les muguets; vous leur amenez: les Rameaux et Pâques.

Vous avez deux faces, cher mois :

Le teint jaune et bistré du Carême, et le teint rose et frais d'après Pâques.

Vous nous menez gaiement à la foire aux jambons et à la foire aux pains d'épice.

Les chevaux de bois, les baraques, les saltimbanques, les tirs aux macarons!

La gaieté, pardieu!

Bonjour, Avril!

*
* *

Lorsque Pâques, avec son rayon de soleil, viendra frapper chez nous, le poêle devra disparaître...

Sans crainte, dès l'aube, les fenêtres pourront s'ouvrir.

Vous pourrez, mesdames, dans les robes légères où vous êtes si belles, vous révéler enfin...

Plus de waterproofs qui noient la taille, plus de costume de velours qui la rend épaisse, plus de fourrures, plus de laines...

L'étoffe légère où le corps joue gracieux, la coiffure que le chapeau ne retient plus, et le frais visage que le voile ne cache pas!

Voilà donc ce que vous allez nous rendre, mois printanier!

Eh bien, merci, Avril!...

XXXV

MAM'SELLE SUZETTE

Enfin, le voilà le soleil, le vieux jeune, le voilà, gai, aimable, riant, jetant le bonheur avec ses chauds rayons ! Vous quittez vos pardessus, vos fourrures, et, les mains à l'air, la tête découverte, vous abandonnez votre chevelure aux caresses de la brise tiède...

Imprudents !

Vous ne le connaissez donc pas, le premier soleil ? Vous ne savez donc pas qu'il grise, qu'il monte au cerveau ? Vous ne savez donc pas qu'à Bouzy, hier, voici ce que j'ai vu :

*
* *

Suzette a dix-huit ans ; c'est une fille des champs, robuste, mais jolie ; jolie à ce point que le maître d'école, qui est quelquefois un poète, a fait ainsi son portrait :

Elle a la mine d'un furet,
Les yeux fripons et le teint rose;
Ses dents, dans sa bouche mi-close,
Brillent comme un blanc chapelet.

Elle a des sabots, des bas bleus,
Une jupe de cotonnade;
Elle n'a jamais de pommade
Sali ses longs et bruns cheveux.

Suzette est donc jolie... de plus, elle est bonne et sage...

Quand elle rêve d'avenir, elle ne fait que ressusciter le passé, c'est-à-dire la maison paternelle :

La grande cheminée autour de laquelle la famille était groupée l'hiver, le banc autour duquel les amies de sa mère venaient bavarder l'été.

Suzette a dix-huit ans, l'âge du mariage et... dame, le soleil d'avril...

*
* *

Nicolas, lui, est un grand débauché, qui se lève matin la semaine, qui travaille bravement sa journée, mais qui aime le cabaret et qui éclate de rire toutes les fois qu'il voit M. le maire mettre son écharpe pour dire :

— Au nom de la loi, vous êtes unis !

*
* *

Enfin, Nicolas est le coq du pays... il est bête comme un coq !

Et Suzette est la plus jolie du village...

Mais, avec son petit air bonasse, elle est fine... comme sa taille.

*
* *

Or, hier, voici ce que j'ai vu :

Sous les pommiers tout blancs de fleurs qui bordent la route, mademoiselle Suzette, fraîche et pimpante, s'en allait, portant gaillardement sur son épaule... sa malle.

Nicolas, de l'autre côté de la route, se demandait :

— Pourquoi donc qu'elle porte sa malle ?

Et l'imprudent, en se grattant la tête, exposa son cerveau au soleil.

L'effet se produisit vite, car Nicolas se dit :

— Soyons galant !

Et il s'avança vers Suzette... qui sourit :

— Dites donc, mam'selle, puisque nous suivons le même chemin, vous me permettrez bien de causer un peu ?

— Comment donc, m'sieu Nicolas, à votre aise, la route sera moins longue.

— D'abord, mam'selle Suzette, je ne souffrirai pas que vous portiez cette malle-là !

— Pourquoi donc ?

— Parce que je suis un homme, et qu'une jeunesse comme vous... avec des petites menottes comme ça... Voyons, donnez-la moi... Il fait un soleil... Donnez donc !

— Ah ! m'sieu Nicolas !

— Écoutez, j'ai bien des choses à vous dire... ça me donnera l'occasion de vous parler...

— Ah ben ! ma foi... ne vous gênez pas.

*
* *

Nicolas mit la malle sur son épaule, devint tout rouge et ne dit plus un mot...

Au bout d'une demi-heure, il reprit :

— C'est bête comme tout, ça ! Mais, mam'selle Suzette... quand on a une longue route à faire, on se fatigue... à marcher seul... si vous me donniez le bras... nous irions plus vite, allez !

— Fallait donc le dire, m'sieu Nicolas ! voici mon bras.

Ah ! le soleil, comme il monte au cerveau.

*
* *

— Tenez, mam'selle... sentir votre bras, ça me rend tout heureux... Maintenant, si vous vouliez... me rendre fier, mais fier... vous me donneriez le petit bouquet de votre ceinture.

— Ah ben ! en v'là des drôles d'idées !... un bouquet tout fané...

— C'est justement pour ça.

— Ah ben ! vous n'êtes pas assez exigeant pour que je refuse... le v'là, m'sieu Nicolas.

Nicolas glissa le bouquet à sa boutonnière, et, rouge de ses pensées, il marcha...

*
* *

Tout à coup, il se tourne, et :

— Mam'selle Suzette, ce soleil... la poussière, ça ne vous ratisse pas la gorge ?... nous v'là près du cabaret du *Lion d'or,* si vous vouliez, nous prendrions un pichet de cidre... et une tranchée de galette...

— Certainement, m'sieu Nicolas... il fait assez chaud... Oh ! ça ne se refuse pas...

Ils entrent au *Lion d'or ;* là, on vide un pichet, deux pichets, Nicolas est embarrassé, il veut parler et ses lèvres s'y refusent ;

Tandis que Suzette toujours gai, riante, lui montre son frais sourire.

Enfin, comme le soleil va bientôt se cacher derrière les arbres, on se remet en route.

* * *

Nicolas pousse un gros soupir pour se donner de l'aplomb, et enfin, cerveau brûlé, il dit :

— Tenez, mam'selle, je vas tout vous dire... J'ai là, dans l'estomac, la petite bête qui parle.

— Qu'est-ce qu'elle dit donc ? m'sieu Nicolas.

— Ce qu'elle dit ?... Elle dit, mam'selle... qu'elle voudrait bien qu'on lui rende amour pour amour !...

— Ah ben ! en v'là une drôle que vous me contez...

— Non, mam'selle Suzette... Non ! vous ne comprenez pas ; eh ben ! j'ai de l'amour, là... de l'amour tout plein...

— Pour moi ! Ah ! que vous êtes risible !... et c'est moi qui regrette de vous dire adieu.

— Me dire adieu, pourquoi donc ?... Je vous ai fâchée ?

— Oh non ! ben au contraire ! mais je suis arrivée.

— Comment, arrivée ?...

— Oui, c'est là où je vais.

— Oh ! ça ne fait rien, mam'selle Suzette, je vous attendrai.

— Eh ben, pourquoi faire ?

— Pour... pour vous reconduire...

— Mais je ne reviens pas.

— Vous ne revenez pas ?

— Mais non, m'sieu Nicolas, je viens pour mon mariage... C'est demain, vous savez... Si vous voulez, je vous invite à la noce... Merci et au revoir, m'sieu Nicolas...

Et, éclatant de rire, Suzette prit sa malle et partit, laissant le coq de Bouzy sur la route.

*
* *

Pauvre garçon, il n'y comprenait plus rien... Il ne songeait pas que, tout le long de la route, il avait tenu son chapeau à la main.

Ah ! le soleil d'avril, ça monte au cerveau !

XXXVI

MESSIEURS LES JURÉS

..... Quand je sortis du tribunal, les gendarmes emmenaient le grand jeune homme blond ; tout, dans sa tenue, dans son regard, dans son langage, démentait l'accusation. Mais les preuves étaient là, les preuves puissantes, palpables... C'était un voleur ! il fut condamné ! et cependant... cependant !!!...

*
* *

Messieurs les jurés,

Le ciel s'étendait, noir et plombé sur le camp silencieux ; de minute en minute, la voix des sentinelles jetait dans le vent le : Prenez garde à vous ! Les drapeaux de la tente du général heurtaient leurs plis humides, frappant l'air de leurs sinistres clapotements. La pluie tombait..., vous savez, cette pluie fine et froide des nuits, cette pluie qui perce les habits, la peau et qui va geler les os!...

*
* *

Au loin, à intervalles inégaux, un éclair suivi d'une détonation, celle du canon des forts, criant aux avant-postes des tranchées : Nous veillons!

Tout près le gloussement de l'eau dans les rigoles qui entourent les tentes. Enveloppant tout cela : des collines fantastiques perdues dans le ciel noir, et de grands peupliers agitant dans le vent leurs chevelures sombres.

Parfois le pas cadencé d'une patrouille...

— Qui vive?

— Ami!

— Avance à l'ordre!

Un falot qui brille et des pas qui s'éloignent.

L'eau ruisselle sur les tentes... Sous la toile les pauvres gars dorment sur la paille humide, faisant leur partie dans ce chœur heureux qui chante le repos, le bonheur et l'oubli.

Oh! les beaux rêves qu'on fait en couchant sur la *dure!*

A celui-ci l'amour, à celui-là l'argent, à cet autre les honneurs... à tous la vie... la vie longue... bien longue... le retour au pays...

Ah! comme ils passent haut les boulets... ils

ne sont pas encore fondus ceux qui doivent leur briser la tête.

*
* *

Tara tata ! ratata ! ratata !

Le clairon !!! Debout ! aux armes !... attention ! garde à nous !... on attaque le camp !... C'est l'ennemi !...

Chacun sort à peine vêtu, qui boutonnant sa tunique, qui pesant ses cartouches, qui bouclant son ceinturon...

— Tonnerre ! crie le sergent, à vos rangs !

*
* *

On se place muet, les poumons serrés, l'haleine sifflante et la gorge sèche... Les membres grelottent et le pouls bat de fièvre...

La pluie tombe toujours, froide et fine comme une buée.

Les rêves d'espérance s'envolent devant l'horizon noir, tous ces gens-là ont de la mort plein l'âme, le camp est rentré dans son immobilité première... Seules, les sentinelles jettent au vent leur stupide :

— Sentinelle, prenez garde à vous !...

— Changez les capsules, commande le sergent, silence dans les rangs ! en avant... arche !

Où vont-ils ?... A la mort peut-être ! qu'importe ! En avant !

*
* *

Chacun prend silencieusement son rang, le coin de la capote recouvre la batterie du fusil et les jambes guêtrées s'enfoncent dans la boue. On marche ; les tentes sont invisibles, les avant-postes sont passés. On donne le mot aux grand'-gardes.

Maintenant, adieu ! Le camp, c'est encore le chez nous, la patrie... mais la tranchée, c'est l'étranger !

On marche longtemps ainsi... Enfin, d'une voix qui roule dans la gorge et qui procède du râle, le sergent dit :

— Halte ! silence dans les rangs !

*
* *

Ils s'alignent en bataille, muets, immobiles... prêts à défendre les travailleurs des tranchées... les boulets les couvrent d'abord de boue... puis peu à peu le tir se régularise. La fonte tape en pleine ligne.

Les malheureux, avec la pluie ils sentent parfois des gouttes chaudes qui les frappent au visage...

*
* *

Boum !!! c'est un soldat qui roule en gémissant dans la boue... il se tort hurlant de douleur, de rage et de vengeance... Un cri d'horreur sort de toutes les poitrines... et le sergent râle :

— Silence dans les rangs !

*
* *

Alors le terrible envahit les malheureux... ils n'ont pas peur... pourtant ; dans chaque cerveau le passé tourbillonne... les yeux fermés, les plus braves causent avec les ombres de ceux qu'il leur semble avoir quittés pour toujours.

Les mains se pressent dans la nuit, les amis se cherchent. Un soldat se penche et, de ses lèvres blêmes, il glisse dans l'oreille du voisin :

— Caillac, je crois que j'aurai mon sac cette nuit... il y a de la mort tout autour de nous... Caillac, t'es-t'y un homme ?

— Pourquoi ?

— Si j'ai mon gras...

— Dis donc pas de bêtises

— Si j'ai mon affaire, je ne veux pas qu'un de ces pouilleux-là me chipe ma croix. T'entends, j'ai un boursicaut dans ma poche...

*
* *

Boum ! ! ! deux malheureux roulent en gémissant dans la boue... ils se tordent hurlant de douleur, de rage et de vengeance... Le sergent râle :

— Silence dans les rangs !

*
* *

Le malheureux achève d'une voix presque éteinte :

— Caillac... là-bas, au pays, j'ai une vieille bonne femme de mère qui ne veut pas comprendre qu'on se fasse tuer à vingt-cinq ans.. Jure-moi que tu prendras ma croix et mes sous pour les porter à la bonne femme !...

— Nom de nom ! en v'la assez ; tu me fais froid aux os !

— Caillac ! jure-moi que tu lui porteras tout ça !...

— Parle plus de ça... C'est entendu !... mais c'est peut-être moi qui va manger du plomb.

— Si c'est toi, je te rendrai le même service ; tu me jures, n'est-ce pas !...

— C'est bon ! quoi ! pardi, c'est bon, on le fera !...

— Merci !...

*
* *

Boum ! ! ! c'est lui le malheureux qui roule en gémissant dans la boue ! il se tord, hurlant de douleur, de rage et criant :

— Caillac ! Caillac !

Le sergent râle :

— Silence dans les rangs !

La pluie tombe toujours... et le sergent dit :

— Peloton, portez arme ! Arme à volonté ! Par file à gauche, gauche ! En avant, arche !

Les soldats s'éloignent, et le canon chante encore :

Boum ! boum !

. . . .
. . . .

*
* *

Le jour vient, les forts et le camp se dégagent du brouillard, le peloton prend le chemin de la tranchée.... ils vont relever les morts.

On arrive au poste de la nuit, les malheureux sont là, étendus, éventrés, sanglants, boueux..., pas de blessés, des morts... rien que des morts

Deux couchés, l'un près de l'autre, l'un a sa tunique déchirée sur la poitrine... l'autre tient entre ses doigts crispés une croix au ruban de laquelle adhère encore un lambeau de drap bleu... son autre main est tout entière dans la poche de son compagnon de malheur.

— Sergent, dit un soldat... voyez donc :

Le sergent regarde les deux malheureux d'un œil méprisant, puis, poussant du pied le cadavre de Caillac, il dit :

— Laissez ça, vingt-dieux !... On ne couche pas les voleurs à côté des hommes !

*
* *

Et le corps de Caillac fut jeté loin du camp dans un trou, sans regrets, sans larmes, sans croix.

Depuis, son âme immolée hurle le soir avec le vent dans les pins de la forêt !. . . . .
. . . .

J'ai fini, messieurs les jurés !

XXXVII

LES CONSCRITS

C'était avant-hier, jour de la mi-carême :

Des rubans multicolores ficelaient un **71** sur son chapeau.

Il marchait soucieux, la face rouge et les yeux ternes, la bouche riante, mais convulsive, les dents serrées... il marchait accroché au bras d'un ami...

*
* *

C'était la mi-carême, et l'ami, qui voulait user du dernier jour du Carnaval, était costumé en Dagobert :

Le vieux type d'Eugène Sue... au shako fantastique, à l'habit à revers sur lequel les buffleteries s'épatent, à la culotte blanche, aux guêtres noires.

L'ami était joyeux. Était-ce du numéro du conscrit? Était-ce de son costume?

Qu'importe !

Il était gai, l'autre pleurait ! Histoire éternelle dont ils étaient l'image :

Le présent les larmes aux yeux... le passé le rire aux lèvres.

Et cependant ce costume me reportait à cinquante-trois ans, à cette soirée brumeuse du 20 mars 1815 où l'empereur revint aux Tuileries ; à cette soirée où, dans le cabinet du roi qui fuyait, sur le reste de la feuille de papier où le déchu avait signé l'ordre de le prendre mort ou vif, il signa, lui, l'appel aux armes.

En entrant dans ce cabinet, et voyant les tables couvertes de livres de piété, l'empereur avait dit : « Le cabinet d'un roi doit être une tente, et non un oratoire. »

Même date, même jour, je crois, époque des conscrits et du tirage au sort... La conscription allait commencer... mais huit armées effondraient nos frontières et ne permettaient plus d'attendre...

L'empereur ordonna la levée en masse...

Abandonnant villes, villages, hameaux, huit cent mille hommes répondirent à son appel.

Et les vainqueurs de Waterloo en couchèrent soixante mille sur le champ de bataille.

Les pauvres gars !

*
* *

Il ne pensait pas à cela, le ... Il était, **71**, triste, parce qu'il laissait derrière lui une famille, parce qu'il avait passé vingt ans à lutter contre la vie, parce que, pris à la gorge par la misère, il tombait vaincu par le sort.

Victime de sa force, de sa santé, pauvre **71** ! il avait le malheur de n'être pas infirme !

C'est ce qu'il pensait, et c'est pour cela qu'il était soucieux.

*
* *

Sous ce masque hébété peut-être était une pensée, dans ce corps titubant peut-être saignait une âme, dans cet homme enfin peut-être était un drame !

Pauvre gars ! en le voyant si triste, les larmes me venaient aux yeux...

*
* *

Il y a dix ans de cela, un ami heurta à ma porte ; j'ouvris.

Il entra, et, sans me dire un mot, il me montra son chapeau sur lequel, à la craie, on avait écrit : Cent treize !

— Eh bien, mon pauvre ami, tu es soldat ?

— Non !

— Comment non ?... cent treize ! Vous êtes au moins cinq-cents, et tu ne partirais pas ?

— Non !

— Pourquoi ?

— Pourquoi ? Parce que j'ai un père que le travail a usé, qui ne gagne rien et qui doit vivre ; parce que ma mère et mes sœurs étant mortes, ayant trouvé près de moi une bonne fille, ouvrière comme moi, j'en ai fait ma compagne ; parce que avec le père et elle je me suis refait la famille que la mort m'avait prise, et qu'aujourd'hui que j'ai tout ça autour de moi, je ne veux pas partir !

— Tu vas te racheter, alors ?

— J'ai de quoi acheter ma vie, je n'ai pas de quoi acheter ma peau !

— Que veux-tu faire ?...

— J'ai mon idée !

Et il partit.

***

J'eus peur un instant..., mais comme je sais qu'il y a des souffrances qui commandent, je me rassurai.

Lui, il rentra chez lui, il avait le sourire aux lèvres.

Quand le père infirme lui dit :

— Eh bien ?

Il répondit :

— Ça y est!

Et le vieux soldat de l'industrie pleura.

La jeune femme demanda :

— As-tu un bon numéro?

— J'ai le cent treize!

La femme prit son enfant et l'embrassa pour étouffer ses sanglots. Lui, il leur dit :

— C'est seulement dans trois mois qu'on part.

La femme dressa la table et le dîner se passa silencieux. Pauvres gens! ils grimaçaient un sourire pour cacher leurs larmes.

Dix jours après, on ramenait chez lui le malheureux.

En s'approchant des machines, dans la scierie où il travaillait, sa main poussant le bois avait été meurtrie par les dents de la scie.

Deux doigts étaient tombés.

*
* *

Lorsqu'il fut étendu sur son lit, épuisé par la fièvre, lorsque sa femme éplorée se pencha sur lui, pauvre martyr de l'atelier, il lui dit tout bas :

— Pleure pas, enfant, j'ai perdu mes doigts, mais j'ai gagné votre vie!

Le jour de la revision venu, le conseil libéra mon pauvre ami.

Toute la journée, cette idée m'avait poursuivi.

Vers minuit, abruti par le bruit des cors et des cornes, je suivais la rue Saint-Honoré, lorsqu'à la porte d'un bal je vis, couché sur le trottoir, la tête sur la borne, le **71**.

Attristé et plein de pitié pour cette débauche, dans laquelle il cherchait l'oubli, je le plaignais.

Lui, il éclata d'un rire bête, et dit :

— Vive la ligne!

XXXVIII

HISTOIRE D'UN NOYÉ

RACONTÉE PAR LUI-MÊME

I

Je sortais de l'Odéon ; pour la première fois je venais de voir vivre l'œuvre immense de Shakespeare : — *Macbeth*. Le spectre de Banco m'avait frappé d'une façon indéfinissable. Je côtoyais la Seine, et j'avais toujours devant les yeux la longue figure pâle et sanglante du spectre. Minuit sonnait quand je passai devant la Morgue.... j'avais froid aux os.

J'arrivai chez moi ; quelqu'un m'avait devancé.

C'était un vieux docteur monomane qui demeurait depuis deux jours à l'étage au-dessous du mien. Il cherchait la vie dans la mort, m'avait-on dit. J'avais vu le matin rentrer chez lui un long colis dont la sombre forme m'avait révélé le contenu. A cette heure, la vue du docteur me glaça.

J'habitais une vieille maison dans l'île Saint-Louis; c'était un ancien hôtel, toutes les chambres étaient louées meublées. La mienne, haute de plafond, zébrée de longues solives noires à son ciel, avait deux fenêtres immenses qui donnaient sur le quai. Le mur couvert d'un sombre papier servait, le jour, à faire ressortir les plâtres qui y étaient accrochés et semblait, la nuit, couvert d'un drap funèbre. Il était minuit! la chambre n'était éclairée que par le feu de la cheminée, et quelques pâles éclairs, s'échappant du foyer, illuminaient d'un feu sinistre les moulages qui pendaient au mur.

La longue figure du vieux docteur enfouie dans le coussin du fauteuil donnait à mon logis un air plus que lugubre... et, malgré moi, je regardai si dans les rideaux de mon lit un pâle spectre ne venait pas me disputer à mon tour... mon oreiller!

— Mon cher enfant, me dit le vieux docteur, je suis content de vous voir... je ne peux dormir... le feu est encore allumé, nous allons causer.

— A votre souhait, dis-je, assez étonné du sans-gêne avec lequel il expliquait ou plutôt n'expliquait pas sa présence chez moi à pareille heure. Je pris un siège, et, l'avançant près de la cheminée, je m'assis. J'étais arrivé à temps, car j'entendis la grêle frapper mes vitres.

— Depuis deux jours que je reste en cette maison, reprit le vieux docteur, j'ai su que vous étiez un jeune homme sérieux et bien pensant, faisant de l'étude la base de sa vie!... La chose est tellement surprenante à votre âge que je dois vous en féliciter.

Le compliment me flatta.

— Je suis vieux... mais j'aime la jeunesse. Je comprends qu'elle doit s'amuser, le plaisir est son plus puissant mobile. Mais qu'est-ce que le plaisir?... L'un le trouve dans l'ivresse, l'autre dans la luxure, l'autre dans la paresse! peu dans la science, et cependant vous êtes de ceux-là! C'est bien, jeune homme... L'on m'a dit que vous étudiiez la médecine, c'est-à-dire la science de conserver la vie!... Moi j'ai été au delà... je rends la vie à la mort!

Je bondis sur ma chaise. Je regardai si le vieux docteur ne se moquait pas de moi; son visage était convaincu!... je sentis le froid se glisser dans mes veines, mais j'écoutai... Cet homme me faisait peur, et cependant je désirais l'entendre jusqu'au bout.

— Vous doutez? me demanda-t-il.

— Je l'avoue!

— Je n'ai fait encore qu'une cure... et j'ai complètement réussi!

— Vous avez fait revivre un mort?...

— Oui!

— Bien mort?...

— Depuis quatre jours.

— En léthargie?...

— Non pas, noyé!

— Noyé quatre jours! Vous l'avez fait revivre? Une seconde... par l'électricité vous l'avez fait se dresser et grimacer.

— Je l'ai fait parler deux heures.

— Deux heures.

— Oui! Il m'a raconté son histoire.

— L'histoire d'un mort... dis-je, essuyant la sueur qui perlait à la racine de mes cheveux.

— Je vais vous la redire à mon tour, et vous verrez qu'il pensait... et agissait.

II

Je me renfonçai dans ma chaise, la voix s'était éteinte dans ma gorge, et, n'osant regarder autour de moi, mes yeux se rivèrent au dernier tison qui s'éteignait lentement dans le foyer.

— Ce matin, commença le vieux docteur en tisonnant, l'on m'apporta un corps; quand je l'eus préparé d'après mon système, je lui injectai le baume qui rend la vie, il resta froid quelques minutes encore, puis peu à peu le sang circula, une sueur abondante fit disparaître les souillures limoneuses de l'eau, et le rose de la vie reparut sur sa chair, tandis que ses yeux s'ouvrirent comme s'il venait de s'éveiller. Il passa la main sur son front... il se souvenait.

— Laissez-moi, dit-il, ne pas vous remercier de vos soins... ils seront nuls bientôt. Je me suis suicidé; les raisons qui m'ont fait agir, il y a quatre jours, me feront recommencer demain.

— Comment ?

— Vous aviez pensé sans doute que, plein de reconnaissance pour votre œuvre, j'allais vous bénir ? Erreur ! D'abord, ce que vous avez fait ne servira pas... je ne veux pas vivre! Ensuite, la reconnaissance ne se doit qu'à celui qui fraternellement agit dans votre intérêt... or, c'est dans le vôtre et non dans le mien que vous avez agi...

— Je ne comprends pas, fis-je, embarrassé.

— Vous me comprenez parfaitement; le monde n'est peuplé que d'égoïstes, à bien peu d'exceptions près ; en me faisant vivre, vous n'avez pas cherché mon bien ; non, vous avez cherché en moi un sujet propre à une expérience. Qu'importe si votre ouvrage cause le malheur d'un ou de dix individus !... Mais ne vous blessez pas, vous n'êtes ni meilleur, ni plus mauvais qu'un autre : l'homme qui aime une femme l'aime pour le plaisir qu'il se procure;... celui qui oblige un ami sème son argent pour qu'il lui rapporte: celui qui sauve son semblable le sauve parce que la mort déchire le cœur de qui la voit venir... enfin, nous sommes frères... Aimons-nous les uns les autres, voilà ce que l'on dit, ce que l'on crie !... Mais chacun pour soi, Dieu pour... personne ! voilà ce que l'on pense.

Bref, vous m'avez fait renaître, et, bon gré mal gré, je vous dois la vie... en échange de quoi vous voulez le récit de ma mort... le voici.

Le vieux docteur se recueillit quelques instants, faisant craquer ses doigts en les tirant les uns après les autres ; au dixième il continua sa singulière histoire.

III

Mon frère mourut lorsque j'atteignais trente ans. Il laissait un fils de dix-sept ans, mauvaise nature de laquelle il n'avait jamais rien pu faire, quoique d'une intelligence rare... peut-être à cause de cela ! L'herbe d'un grand génie ou d'un grand fripon ; le monde devait lui tracer son chemin.

Je le mis au collège... il s'en fit renvoyer. Je voulus finir moi-même son éducation... il se sauva de chez moi.

Je ne le revis qu'il y a deux ans : il était majeur et venait me réclamer l'héritage de son père, environ cent mille francs. Orphelin de bonne heure, ne m'étant jamais marié, lorsque je perdis mon pauvre frère, j'avais rejeté sur Aylic toute mon affection. Lorsqu'il revint, j'essayai de le ramener à moi.

— Songe, Aylic, que tu es un homme, il est temps sinon de cesser, au moins de modérer une vie dans laquelle tu perdras ta fortune et ta santé. Je n'ai plus que toi en ce monde pour famille, reviens à la maison, tu sais bien que toutes les libertés te seront accordées.

— Je viens, dit-il, chercher de l'argent et non de la morale.

Je n'insistai pas, et, désespéré, je lui rendis ses comptes.

Moins d'un an après, il était criblé de dettes, et n'avait plus un sou vaillant. Je bénis presque ce désastre.

— Quelle leçon! pensai-je, il restera chez moi, maintenant.

Je le fis venir. Je connaissais les besoins de son âge, et, lui laissant toutes les libertés, je me privais un peu afin qu'il eût assez pour cette orageuse saison qu'on nomme jeunesse.

— Dès qu'il aura trente ans, pensai-je, nous rattraperons cela par nos économies.

Mais les besoins qu'il se créait s'étendirent si largement que je dus lui faire sentir que je ne pouvais donner plus d'argent.

— Aylic, ajoutai-je, tu dessines magnifiquement, que ne passes-tu une partie de la journée à cette occupation? c'est ton inactivité qui te nécessite ces dépenses extravagantes.

Il m'approuva, j'en fus heureux.

Il partait le matin, rentrait le soir, et me laissait croire qu'il allait à quelques lieues de Paris faire du paysage. Il avait loué une chambre pour coucher quand il serait en retard. J'étais content et tranquille. Il lui était déjà arrivé de ne pas rentrer pendant deux ou trois jours, et je ne m'en étais pas inquiété... Une fois il fut cinq jours absent, je ne savais que penser. Il ne m'avait donné son adresse qu'en l'air et je ne m'en souvenais plus. J'allai trouver un de ses amis, je demandai de ses nouvelles. Il me répondit l'avoir vu la veille, comme tous les jours.

— Comment, tous les jours?

— Certainement, au Bois.

— Ah! vous allez là-bas dessiner avec lui?

— Dessiner!

— Certainement, à Bouron, au-dessus de Fontainebleau?

— Mais pas du tout, au bois de Boulogne... sur son cheval.

— Comment, sur son cheval?

— Sur son cheval ou dans la voiture d'Antonia.

— Mais où prend-il de l'argent?

— Comment, vous ne savez pas... il vous a caché son héritage d'il y a quinze jours ?

— Ah ! si... oui, oui... vous avez raison, dis-je.

Et je partis vivement, de crainte qu'il ne vît le rouge qui me montait au visage, non de mon mensonge, mais parce que, cherchant par quel moyen il avait pu se procurer de l'argent, je pensais à cette phrase de son ami :

— Ou dans la voiture d'Antonia.

Ce vice incorrigible m'exaspéra. Mon affection pour lui s'altérait, je me décidai à cesser une libéralité sans profits qui, ne le rendant pas meilleur, me rendait plus malheureux.

L'argent de mademoiselle Antonia le couvrait d'écailles infâmes... Je résolus de le chasser. J'allai, à cet effet, chercher dans mon secrétaire une dizaine de mille francs avec lesquels je voulais le prier d'aller tenter fortune loin de moi.

Je cherchai mes valeurs et je vis... Oh ! l'infâme ! le monstre ! le fils de mon frère !... il m'avait volé vingt-cinq mille francs !

Quand je le chassai, le monstre, il n'eut même pas un mot de remords.

Ce dernier coup m'avait profondément atteint.

Les dettes payées, l'argent donné et ces vingt-cinq mille francs firent à ma fortune une brèche qui m'obligea de remplacer mes domestiques par une femme de ménage.

Et je restai seul ! seul avec cette pensée : je n'ai qu'un parent, mon neveu, et c'est... c'est un voleur !

IV

Un soir que je promenais ma tristesse le long du quai, sur lequel j'habitais, je vis, près du pont Saint-Michel, une jeune fille sortir en pleurant d'une porte au-dessus de laquelle pendait la lanterne d'un hôtel garni.

Je m'avançai vers elle pour la consoler. Par un mouvement qui me plut, — se trompant sur le motif qui me faisait agir, — elle se recula. Je la rassurai et lui demandai la cause de ses larmes. La pauvre enfant, arrivée à Paris avec peu d'argent, l'avait dépensé sans avoir encore pu trouver d'ouvrage... elle devait deux nuits, et on la mettait à la porte. Je priai la jeune fille d'accepter l'argent qui lui était nécessaire pour payer son gîte, et je l'engageai à venir chez moi le lendemain.

Elle accepta, je la quittai. — Elle est sans place, me dis-je, au lieu d'une femme de ménage, je prendrai cette jeune fille, ma maison sera plus gaie et il ne m'en coûtera pas beaucoup plus. — Voilà ce que je pensais en rentrant, heureux... car j'avais besoin de reporter sur quelqu'un l'affection dont mon neveu n'était plus digne.

Le lendemain, je venais à peine de me lever lorsqu'on sonna chez moi.

C'était la pauvrette de la veille. Assez grande et bien prise, de beaux cheveux blonds encadraient son visage blanc et frais; ses yeux, d'un beau bleu, semblaient plus foncés sous les cils bruns qui les ombraient; elle paraissait avoir environ vingt ans.

— Excusez-moi, me dit-elle, de venir vous importuner si tôt, mais j'avais hâte de vous remercier.

— Vous ne me devez nul remerciement, mon enfant, je vous ai priée de venir et voici pourquoi : vous êtes sans place, et j'ai besoin chez moi d'une personne qui soigne mon ménage, d'une personne de confiance qui s'occupe de tout, qui ramène, par sa jeunesse et par son sourire, la gaieté que de profonds chagrins ont chassée de ma demeure. Voulez-vous être cette personne?

— Mais vous me connaissez à peine!

— Je lis dans vos yeux ce que vous êtes, voulez-vous?

— Oh! certainement, monsieur.

— Eh bien, commencez, mon enfant, vous êtes chez vous... faites de ma demeure ce que vous feriez de la vôtre... J'ai quarante-cinq ans d'âge et j'en ai soixante de cœur pour un misérable qui fait ma honte et qui ne vaut pas les soucis qu'il m'a donnés.

Un beau sourire qui dévoila tout un chapelet de nacre fut sa réponse.

Je la mis au courant de ma petite maison, et en moins de quelques jours elle en changea l'aspect.

Elle avait retrouvé dans le grenier deux jardinières abandonnées, elle y mit des fleurs... Plus libre avec moi, elle chantait presque toute la journée... je vivais enfin!

Un soir qu'elle arrosait ses fleurs, je me surpris à dire : Qu'elle est belle! Elle vint vers moi et ses grands yeux rencontrèrent les miens... Ce regard pénétra comme une lame jusqu'au fond de mon cœur.

V

En quelques jours je m'aperçus de l'état de mon âme... j'aimais la pauvre enfant... J'aimais Virginie. Je n'hésitai pas un instant et, un matin, nous achevions de déjeuner, — car, je l'avais voulu ainsi, nous déjeunions ensemble, — je pris sa main... son beau regard se fixa sur moi.

— Virginie, êtes-vous heureuse, mon enfant?

— Plus que dans mes rêves!

— Vous êtes heureuse, et peut-être va-t-il falloir briser ce qui fait votre bonheur!

— Que dites-vous?

— Virginie, il va falloir que vous partiez de chez moi.

— Pourquoi donc?

— Pourquoi! dois-je vous le dire?

— Oh! j'y tiens, monsieur, car, si cela dépend de moi, je me corrigerai... Qu'ai-je pu faire?

— Rien! tout est là! et je me frappai le cœur.

— Je ne comprends pas!

— Virginie... je vous aime...

La belle enfant se leva, essuya deux grosses larmes qui coulaient le long de ses joues, et dit dans un sanglot :

— Vous avez raison, monsieur, je dois partir.

— Partir! tu ne trouves pas d'autre issue à l'aveu que je viens de te faire?

— C'est vous-même qui l'avez dit!

— Oh! c'est que je n'ose te demander ce que je rêve... Je suis seul au monde, seul, entends-tu... je n'ai qu'une amie, et cette amie c'est toi... Tu es jeune, belle, toi!... tu as rêvé un époux qui répondît une à une aux beautés que tu lui apporteras... et je serais ridicule en aspirant à ce bonheur.

Sa belle tête s'était relevée radieuse. A travers ses larmes errait un sourire. La fin de la pluie d'orage quand le soleil fait scintiller l'eau.

— Oh! comme vous êtes bon! dit-elle, et comme je vous aime!

Je la pressai entre mes bras et ne laissai pas sur son front une place où je ne misse un baiser.

Qu'elle était belle! ou plutôt que j'étais bête!!!

Je me mariais avec Virginie trois semaines après... *De profundis!*

VI

Quelques mois plus tard, je reçus une lettre. Mon neveu, sans gîte et mourant, me suppliait de le recevoir.

Je prévins Virginie... et je courus. Le pauvre enfant, pâle, sans voix, ruiné par la débauche et la misère, était étendu sur un triste lit d'hôtel; si je n'étais point venu, on l'emportait à l'hôpital.

Il avait à peine la force d'articuler le mot pardon!

Je l'embrassai et réchauffai ses mains, qui me semblaient glacées. Sur l'assurance d'un docteur, qu'on pouvait sans danger le transporter, je le fis porter chez moi, ne le quittant que lorsqu'il fut installé.

Un mois de soins le rendit à la santé, et, pendant ce mois, Virginie veillait à son chevet.

Un changement heureux, que je remarqua, alors s'était opéré en lui. Il avait en horreur les plaisirs qui, jadis, l'entraînaient le plus. Ne sortant plus de la journée, presque tous les soirs il restait près de nous. Rien ne pourrait exprimer la joie qui m'enivrait... j'étais heureux... j'avais une famille

Celui qui, jeune, a vu la mort faucher ceux qui l'entouraient, celui-là comprendra ce que contiennent ces mots, une famille...

VII

Nous étions aux plus beaux jours du printemps, il y a maintenant six mois environ, nous achevions tous les trois notre souper.

La soirée était douce comme au mois de juin, aussi prolongions-nous le dessert par une longue causerie. La fenêtre était ouverte ; j'habitais sur le quai, et l'âcre parfum de l'eau venait se mêler aux lilas qui embaumaient la chambre. La nuit commençait à venir, et nous attendions pour allumer qu'elle fût tout à fait tombée.

Je coupais une orange... mon couteau me glissa des mains et tomba, je me baissai vite espérant le rattraper...

Mais je me relevai bondissant... Sous la table, je venais de voir la jambe d'Aylic enlaçant celle de Virginie.

—Sortez, malheureux !... sortez ! criai-je.

—Mais qu'avez-vous donc ?

—Pas un mot, misérable !... sors !... Et je te croyais capable d'être un honnête homme... toi !... un fripon, un voleur, un infâme !...

— Vous n'êtes pas beau en colère, mon oncle, dit le monstre en ricanant, et il sortit.

Alors je tombai accablé, n'osant pas regarder Virginie, et cherchant quel parti prendre avec elle.

Je l'entendais pleurer : tout à coup je sentis sa tête sur ma main, elle était à genoux.

— Oh! pardon! mon ami, dit-elle.

— Les misérables! murmurai-je.

— Mais je ne suis pas coupable, mon ami... je le hais, cet homme! Il me poursuivait sans cesse; à chaque repas ses genoux pressaient les miens; dès que j'étais seule il m'accablait de protestations d'amour... rien n'y faisait. En vain je lui montrais son indignité, il savait que je n'oserais jamais rien te dire, craignant une autre interprétation à ce que je dirais... c'était ton neveu... Ah! maintenant que tu l'as chassé sans que j'aie parlé, oh! je suis bien heureuse!

Ces mots tombèrent sur mon âme comme la rosée sur les fleurs.

Je relevai Virginie et, l'embrassant, je lui dis :

— Oh! j'aurais donné ma vie pour ce que tu viens de me dire... Je t'aime...

Mais cette scène m'avait tellement impressionné, que je tombai assez gravement malade pour que le médecin me forçât à ne plus quitter le lit.

Virginie constamment près de moi... c'était encore le bonheur! car j'adorais ma femme.

Une fièvre cérébrale se déclara. Plusieurs fois, revenant à moi après quelques heures de délire, je cherchais vainement ma compagne, la chambre était déserte, et j'attribuais à la fièvre la perception d'un bruit de voix rieuses dans la pièce voisine... Un jour, abattu par le mal, j'écoutai... la même chose se renouvela, je crus reconnaître la voix de Virginie... elle riait... J'étais au plus bas, c'était impossible!... un doute horrible traversa mon esprit... J'essayai de me lever... Efforts inutiles!... Je glissai de mon lit et, me cramponnant aux meubles, me traînant sur le tapis... six fois m'arrêtant prêt à rendre l'âme... j'arrivai cependant jusqu'à la porte et je vis... je vis... Virginie sur les genoux d'Aylic, la main dans la main, les lèvres assemblées!!!

— Maudit! criai-je, et je tombai comme foudroyé.

VIII

Quand je revins à moi, j'étais couché... Une veilleuse brûlait sur la table de nuit... je levai la la tête et je vis penché sur mon chevet, me regardant d'un méchant sourire, Aylic... Je voulus parler, mais je n'en avais plus la force, la mort m'envahissait... Je voyais agir et parler, mais je ne pouvais plus agir, je ne pouvais plus parler.

— Ah! ah! tu reviens toujours, dit avec un rire infernal Aylic en se penchant sur moi, petit bonhomme vit encore! profitons-en pour régler nos comptes... Mon cher oncle, il fut un temps où vous m'avez bien aimé, n'est-ce pas? mais vous êtes bien changé depuis et votre haine a de beaucoup surpassé votre amour! Je suis un vaurien, moi; tous les vices, j'ai le bonheur de les avoir, une seule chose pouvait les atténuer, l'amour!

Or, voyez comme le hasard a quelquefois de singuliers rapprochements. Il m'a fait retrouver chez vous la seule femme que j'aie aimée, celle que j'aime et que j'aimerai toujours... et c'est justement la vôtre...

Je n'ai plus que des dettes, vous avez de la fortune... Cette fortune, je le sais, elle ne doit pas me revenir, mais elle reviendra à Virginie... et Virginie, cher oncle, c'est un second moi-même. Voyez comme vous êtes raisonnable, il me fallait votre femme, il nous fallait votre fortune, nous étions décidés à nous débarrasser de vous, et, comprenant la chose, vous vous empressez de partir. Maintenant aucune force humaine ne peut nous arracher tout cela... Un testament, vous ne pouvez ni écrire, ni dicter; vous guérir, je suis là pour l'empêcher, ne serait-ce que par de tendres entretiens comme celui-ci... Il n'y a qu'une chose, chose impossible, la disparition de votre corps... on ne pourrait disposer de vos biens qu'après certain nombre d'années, hypothèse irréalisable, vous le voyez...

Mais soyez rassuré, cher oncle, nous ne gaspillerons pas ce que vous nous laissez... Vous m'avez refusé de l'argent... j'en sais la valeur maintenant... nous ne le jetterons pas, croyez-le!... Mourez, cher oncle! et, toujours économes, nous n'aurons pas la sotte vanité de donner à votre dépouille le chêne et le plomb, les voitures panachées, les pleureurs, les croque-morts gantés; allons donc! nous laisserons faire l'indigence... Vous m'avez quelquefois refusé de l'argent vivant, je vous en refuserai mort. Et puis, cher oncle, quelle joie pour vous de partir, sachant que vous ne laissez aucune larme derrière vous, et que la mort, ce malheur, fait notre bonheur!...

Meurs donc! tu m'as mis à la porte de ta maison... je te mets à la porte de la vie... *De profundis...*

Virginie était absente; la sonnette venait de tinter, annonçant un visiteur, le monstre ricanant me laissa terrifié pour aller ouvrir.

Le docteur entra précédant Aylic : pour moi que l'on tuait vivant, c'était du secours. Par un effort surhumain, je me dressai sur ma couche et, retrouvant toutes mes forces, je m'écriai devant Aylic terrifié :

— A moi, docteur! on m'assassine! A moi! l'infâme qui est derrière vous s'est tout à l'heure penché sur moi pour m'insulter, il refuse à mon corps une sépulture, à mon âme une prière, il m'a dit qu'il prendrait mon bien comme il m'avait pris ma femme. A moi, docteur! ne m'abandonnez pas! chassez-le!

Et, crispant mes mains sur mes draps pour me soutenir, j'attendais sa réponse.

Le docteur se tourna vers Aylic et lui dit à mi-voix :

— Il est pénible pour vous d'entendre pareille chose, hélas! c'est ainsi que le délire fait payer aux malades les soins pieux de leur famille.

La figure d'Aylic se rasséréna, et je tombai atterré!... j'entendis le docteur dire :

— Il est perdu!

Onze heures sonnèrent, Virginie rentra.

J'étais perdu, avait dit le médecin: on ne se gênait plus avec moi. La porte de ma chambre resta ouverte et j'entendis :

— Eh bien?

— C'est arrêté, nous pourrons emménager avant une quinzaine. C'est près de Courbevoie... quand penses-tu que l'on y pourra aller?

— Le docteur m'a dit qu'il ne passerait pas cette nuit!

— Bien! comme nous aurons les dérangements, la vente, c'est l'affaire de huit jours... Nous irons ensemble demain... veux-tu?

— Oui. As-tu dîné?

— Non.

— Allons dîner dehors?

— Oh! oui, j'aime mieux cela; je ne tiens pas à être là quand il va finir.

Et ils partirent.

Si je n'étais pas fou... assurément j'étais bien près de l'être... la sueur m'inondait.

Une réaction s'opéra en moi, je me sentis fort. Je me levai et, d'un élan, je descendis l'étage je traversai le quai... et me rappelant ces paroles: « Il n'y a qu'une chose, chose impossible! la disparition de votre corps qui puisse empêcher la disposition de vos biens! » j'enjambai le parapet et me précipitai dans l'eau.

J'entendis crier: « Au secours! un homme se noie! » Ce fut tout.

Je remontai me débattant; si résolu que je fusse à la mort, l'instinct vital se réveilla en moi dès que je vis que la mort ne pouvait plus me pardonner.

Je reçus un choc à la tête, je tendis mes mains et je saisis en les crispant un croc que l'on me tendait... J'avais pris le fer et je me cramponnais à la pointe sans sentir qu'elle m'entrait dans les chairs; on me criait:

— Tenez bien!...

Je revis le ciel étoilé; c'était la vie...

Mais le croc cassa... j'enfonçai... et j'allai terminer mon agonie sur le sable et les pierres limoneuses, desquelles s'échappèrent soudain quelques poissons dont je venais violer la retraite.

IX

« La mort est un secret, je le saurai bientôt! » a dit un grand criminel.

Qu'est-ce que la mort? Un rêve! oui, un rêve!

Lorsque vous rêvez, un monde positif, marchant, parlant, agissant, passe devant vos yeux. Ce monde, en quoi diffère-t-il du monde réel? En rien.

La mort, c'est le rêve; le lendemain, vous vous réveillez et vous dites à cette famille qu'il vous semble avoir toujours connue :

— Cette nuit, j'ai rêvé que je me noyais.

. . . .

Je suis ainsi, je vis avec un monde qu'il me semble avoir toujours connu, et ce n'est que votre baume qui m'a rendu la conscience de mes deux existences.

La même nuit où je quittai la vie, un bateau passant au-dessus de moi accrocha ma chemise de son gouvernail et me descendit jusqu'à Courbevoie.

Là le bateau à vapeur battant l'eau de ses roues me détacha, et ses vagues poussèrent mon corps inerte le long de l'île, où je restai presque à fleur d'eau au milieu d'herbes aquatiques.

Nous étions au lendemain, et, lorsque vint la nuit, j'entendis un bruit de pas sur la rive. Je craignis que l'on ne me trouvât. J'entendis le bruit d'un baiser : ce n'étaient que deux amoureux ! Ils s'assirent au bord de l'eau, la jeune femme caressant avec sa gracieuse bottine les herbes qui me couvraient... et prenant quelquefois mes cheveux pour de l'herbe !

« L'amour ! pensais-je, belle chose, écoutons-les... Voilà qui me fera peut-être oublier l'affreux côté par lequel j'ai dû juger la société. »

La jeune femme commença :

— Dois-tu m'aimer toujours ainsi et plus tard ne me quitteras-tu pas, me laissant le remords du crime que nous avons commis, car c'est un crime !

— Ne plus t'aimer ! peux-tu le croire ?... Ne parle donc plus de lui, il est mort... bien mort ! laissant, contre son gré, de quoi faire notre bonheur... car heureusement on l'a reconnu lorsque, dans un accès de délire, il s'est jeté à l'eau !... De la considération, nous en avons... C'est moi qui ai tendu le croc pour le sauver... il m'a glissé des mains... et j'ai plongé tout habillé !

N'est-ce pas là ce que doit un neveu à son oncle?...

— Quand penses-tu que l'on fera la vente?

— Les ventes après décès se font vite.

— Tant mieux! j'ai hâte de quitter la maison, j'ai toujours peur.

— Folle! je crains plus les vivants que les morts... Ma foi, je serais curieux de le revoir; il doit faire une drôle de grimace.

Un pêcheur, qui passait dans son bateau, battit l'eau de ses avirons, une lame souleva mon corps et le poussa jusqu'à leurs pieds.

On entendit deux cris.

Virginie tomba morte! Aylic était fou!...

Les deux heures étaient expirées... le corps se roidit et, reprenant sa teinte livide, il s'immobilisa, ajouta le vieux docteur pour clore son épouvantable histoire.

J'étais sous la pénible impression de son récit, mais voyant le petit jour qui commençait à venir, je me hasardai à lui demander :

— Mais ce corps, qu'en avez-vous fait?

— Je l'ai là, dit-il, et il montrait mon lit dont les rideaux étaient fermés.

— Comment, là! Et mes cheveux se dressèrent sur ma tête.

— Venez voir. Et m'arrachant du fauteuil où j'étais blotti, il m'entraîna vers le lit, sur lequel, épouvanté, je vis le cadavre d'un malheureux.

A ce moment, la porte s'ouvrit avec fracas, trois hommes à casquette d'uniforme et en habit à boutons de cuivre argenté se précipitèrent sur le vieux docteur, et l'un deux s'écria :

— Ah! enfin, le voilà!

Le vieux docteur souriait toujours. Je m'interposai :

— Messieurs, que signifie cette violence chez moi?...

— D'abord vous n'êtes pas chez vous... et monsieur est un fou monomane qui s'est échappé de la maison depuis trois jours.

— Comment, fou! mais... Et je montrais le cadavre.

— Ah! oui, dit en riant un des hommes, il vous a conté son histoire de mort qui parle... c'est sa monomanie... Seulement, c'est son histoire qu'il lui fait raconter.

— Son histoire! fis-je, oh! le malheureux!

— Son histoire un peu plus sombre qu'elle ne l'est réellement.

Les employés de l'hospice emmenèrent le malheureux.

Et moi, je restai là hébété d'avoir pris au sérieux cet homme qui m'avait dit la chose la plus folle du monde.

Le jour était tout à fait venu, je relevai la tête

et restai tout surpris en regardant la chambre où j'étais... C'était le même aménagement, la même disposition, mais ce n'étaient pas mes meubles.

Je compris...

Je m'étais trompé d'étage.

FIN

TABLE DES MATIÈRES

PARIS. — IMP. C. MARPON ET E. FLAMMARION, RUE RACINE, 26.

AUTEURS CÉLÈBRES (*suite*)

6e SÉRIE.

Nos 51. CAMILLE FLAMMARION, **Rêves étoilés.**
52. Mme J. MICHELET, **Mémoires d'une Enfant.**
53. THÉOPHILE GAUTIER, **Avatar.** — *Fortunio.*
54. CHATEAUBRIAND. **Atala.** — *René, Dernier Abencérage.*
55. IVAN TOURGUENEFF. **Récits d'un Chasseur.**
56. L. JACOLLIOT, **Le Crime du Moulin d'Usor.**
57. P. BONNETAIN, **Marsouins et Mathurins**
58. A. DELVAU, **Mémoires d'une Honnête Fille.**
59. RENÉ MAIZEROY, **Vavaknoff.**
60. GUÉRIN-GINISTY, **La Fange.**

7e SÉRIE.

Nos 61. ARSÈNE HOUSSAYE, **Madame Trois-Etoiles.**
62. CHARLES AUBERT, **La Belle Luciole.**
63. MIE D'AGHONNE, **L'Ecluse des Cadavres.**
64. GUY DE MAUPASSANT, **L'Héritage.**
65. CATULLE MENDÈS, **Monstres parisiens** (nouvelle série).
66. CH. DIGUET, **Moi et l'Autre** (Ouvrage couronné).
67. L. JACOLLIOT, **Vengeance de Forçats.**
68. HAMILTON, **Mémoires du Chevalier de Grammont.**
69. MARTIAL MOULIN, **Nella.**
70. CHARLES DESLYS, **L'Abîme**

8e SÉRIE.

Nos 71. FRÉDÉRIC SOULIÉ, **Le Lion amoureux.**
72. HECTOR MALOT, **Les Amours de Jacques.**
73. EDGAR POÉ, **Contes extraordinaires.**
74. EDOUARD BONNET, **La Revanche d'Orgon.**
75. THÉO-CRITT, **Le Sénateur Ignace.**
76. ROBERT-HALT, **Brave Garçon.**
77. JEAN RICHEPIN, **Les Morts bizarres.**
78. TONY RÉVILLON, **Noémi.** — *La Bataille de la Bourse.*
79. TOLSTOÏ, **Le Roman du Mariage.**
80. FRANCISQUE SARCEY, **Le Siège de Paris.**

9e SÉRIE.

Nos 81. HECTOR MALOT, **Madame Obernin.**
82. JULES MARY, **Un coup de Revolver.**
83. GUSTAVE TOUDOUZE, **Les Cauchemars.**
84. STERNE, **Voyage Sentimental.**
85. MARIE COLOMBIER, **Nathalie.**
86. TANCRÈDE MARTEL, **La Main aux Dames.**
87. ALEXANDRE HEPP, **L'Amie de Madame Alice.**
88. CLAUDE VIGNON, **Vertige.**
89. ÉMILE DESBEAUX, **La Petite Mendiante.**
90. CHARLES MÉROUVEL, **Caprice des Dames.**

10e SÉRIE.

Nos 91. Mme ROBERT HALT, **La Petite Lazare.**
92. ANDRÉ THEURIET, **Lucile Désenclos.** — *Une Ondine.*
93. EDGAR MONTEIL, **Jean des Galères.**
94. CATULLE MENDÈS, **Le Cruel Berceau.**
95. SILVIO PELLICO, **Mes Prisons.**
96. MAXIME RUDE, **Une Victime de Couvent.**
97. MAURICE JOGAND (Marc-Mario), **L'Enfant de la Folle.**
98. EDOUARD SIEBECKER, **Le Baiser d'Odile.**
99. VALLERY-RADOT, **Journal d'un Volontaire d'un an** (Ouvrage couronné par l'Académie française).
100. VOLTAIRE, **Zadig.** — *Candide.* — *Micromégas.*

11e SÉRIE.

Nos 101. CAMILLE FLAMMARION, **Voyages en Ballon.**
102. HECTOR MALOT, **Cara.**
103. EMILE ZOLA, **Nantas.**
104. Mme LOUIS FIGUIER. **Le Gardian de la Camargue.**
105. ALEXIS BOUVIER, **Les Petites Ouvrières.**
106. GABRIEL GUILLEMOT, **Maman Chautard.**
107. JEHAN SOUDAN, **Histoires américaines** (Illustrées).
108. GASTON D'HAILLY, **Fleur de Pommier.**
109. IVAN TOURGUENEFF, **Premier Amour.**
110. OSCAR MÉTÉNIER, **La Chair.**

AUTEURS CÉLÈBRES (*suite*)

12e SÉRIE

Nos 111. Guy de Maupassant, **Histoire d'une Fille de Ferme.**
112. Louis Boussenard, **Aux Antipodes.**
113. Prosper Vialon, **L'Homme au Chien muet.**
114. Catulle Mendès, **Pour lire au Couvent.**
115. Mie d'Aghonne, **L'Enfant du Fossé.**
116. Armand Silvestre, **Histoires folâtres.**
117. Dostoiewsky, **Ame d'Enfant.**
118. Emile de Molènes, **Pâlotte.**
119. Arsène Houssaye, **Les Larmes de Jeanne.**
120. Albert Cim, **Les Prouesses d'une Fille.**

13e SÉRIE

Nos 121. Hector Malot, **Le Mari de Charlotte.**
122. Emile Zola, **La Fête à Coqueville.**
123. Champfleury, **Le Violon de faïence.**
124. A. Excoffon, **Le Courrier de Lyon.**
125. Léon Cladel, **Crête-Rouge.**
126. Maxime Rude, **Le Roman d'une Dame d'honneur.**
127. Pigault-Lebrun, **Monsieur Botte.**
128. Ch. Aubert, **La Marieuse.**
129. C. Cassot, **La Vierge d'Irlande.**
130. Charles Monselet, **Les Ruines de Paris.**

14e SÉRIE

Nos 131. Alph. Daudet, **Les Débuts d'un Homme de Lettres.**
132. Louis Noir, **La Vénus cuivrée.**
133. Alphonse de Launay, **Mademoiselle Mignon.**
134. Alfred Delvau, **Le grand et le petit Trottoir.**
135. Marc de Montifaud, **Héloïse & Abailard.**
136. Tony Révillon, **L'Exilé.**
137. Ad. Belot et E. Daudet, **La Vénus de Gordes.**
138. Paul Saunière, **Vif-Argent.**
139. Mme Judith Gautier, **Les Cruautés de l'Amour.**
140. Dubut de Laforest, **Belle-Maman.**

15e SÉRIE

Nos 141. Paul Arène, **Nouveaux Contes de Noël.**
142. Arsène Houssaye, **La Confession de Caroline.**
143. Alexis Bouvier, **Mademoiselle Beau-Sourire.**
144. Charles Leroy, **Le Capitaine Lorgnegrut.**
145. L. Boussenard, **10,000 ans dans un bloc de glace.**
146. Élie Berthet, **Le Mûrier blanc.**
147. F. Champsaur, **Le Cœur.**
148. René Maizeroy, **Souvenirs d'un Saint-Cyrien.**
149. Guérin-Ginisty, **Les Rastaquouères.**
150. Aurélien Scholl, **Peines de cœur.**

16e SÉRIE

Nos 151. Camille Flammarion, **L'Eruption du Krakatoa.**
152. Alexandre Dumas, **La Marquise de Brinvilliers.**
153. G. Courteline, **Madelon, Margot et Cie.**
154. Catulle Mendès, **Pierre le Véridique, roman.**
155. Ch. Deslys, **Les Buttes Chaumont.**
156. Ad. Belot et J. Dautin, **Le Secret terrible.**
157. Gaston d'Hailly, **Le Prix d'un Sourire.**
158. Maxime du Camp, **Mémoires d'un Suicidé.**
159. René Maizeroy, **La Dernière Croisade.**
160. Pouchkine, **Doubrovsky.**

17e SÉRIE

Nos 161. Henri Murger, **Le Roman du Capucin.**
162. Lucien Biart, **Benito Vasquez.**
163. Benjamin Constant, **Adolphe.**
164. Mme Louis Figuier, **Les Fiancés de la Gardiole.**
165. Armand Silvestre, **Maïma.**
166. Vast-Ricouard, **Madame Lavernon.**
167. Alexis Bouvier, **Les Pauvres.**
168. Jules Gros, **Un Volcan dans les Glace[s]**
169. Alf. Delvau, **Du Pont des Arts au Po[nt]**
170. Victor Meunier, **L'Esprit et le Cœur d[...]**

CHAQUE VOLUME SE VEND SÉPARÉMENT

PARIS. — IMP. C. MARPON ET E. FLAMMARION, RUE RACI[NE]

www.ingramcontent.com/pod-product-compliance
Ingram Content Group UK Ltd.
Pitfield, Milton Keynes, MK11 3LW, UK
UKHW021056220726
13924UKWH00005B/2125